Alfred Salomon · Von allen Dingen freier

Von allen Dingen freier

Das Leben Gerhard Tersteegens
– erzählt von Alfred Salomon

Aussaat

ABCteam-Bücher erscheinen in folgenden Verlagen
Aussaat Verlag Neukirchen-Vluyn
R. Brockhaus Verlag Wuppertal und Zürich
Brunnen Verlag Gießen und Basel
Christliches Verlagshaus Stuttgart
Oncken Verlag Wuppertal und Kassel

Titelgestaltung: Hartmut Namislow, Neukirchen-Vluyn
Satz: Graphische Werkstätten Lehne GmbH, Grevenbroich
Druck: Nørhaven A/S, Viborg
Printed in Denmark
ISBN 3-7615-3565-1
Best. Nr. 113 565

Ein Tag, der sagt dem andern,
mein Leben sei ein Wandern
zur großen Ewigkeit.
O Ewigkeit, so schöne,
mein Herz an dich gewöhne,
mein Heim ist nicht in dieser Zeit.

1

Der Schläfer in der Dachkammer warf sich auf der mit Stroh gefüllten Matratze unruhig hin und her. Die geschlossenen Lider des Träumenden zuckten, ein unterdrücktes Aufstöhnen erstickte noch in der Kehle, und nun griff er mit beiden Händen ins Leere, die Handflächen nach oben, als wolle er einen Feind abwehren, der ihn bedrängte.

Die Fässer! Wie sie ihn belauern, gerade als freuten sie sich schon darauf, ihm wieder und wieder Angst zu schaffen. Siehst du, da kommt schon das erste herangerollt, leer und leicht, wie es da über das Kopfsteinpflaster des Hofes hüpft und dabei nach links, jetzt nach rechts torkelt, nun gar mit einer frechen Wendung genau auf ihn zuspringt. Als wenn es ihm die Beine brechen wollte!

Selbst im Schlaf hört er seine Zähne knirschen, als er zupackt, den Aufprall auffängt und abfedert, das Widerspenstige in den Griff bekommt, sich gegenstemmt und es - Schritt um Schritt - zurückzwingt. Da hast du es! Warte nur! Ich werde dir schon zeigen, wo du hingehörst: dort drüben an die Laderampe!

Geschafft! Im Traum, der ihm Wirklichkeit ist, reibt er sich erleichtert die schmerzenden Hände. Nun reckt er sich, wirft den Kopf in den Nacken und schießt einen raschen Blick zur Haustür hinüber. Siehst du, Schwager Matthias, ich bin doch ein ganzer Kerl, schaffe, was du von mir erwartest, und werde auch mit diesen Fässern fertig. Ah, da tritt ja auch Schwester Johanna aus der Tür und nickt mir aufmunternd zu. Ja doch, Hannchen, brauchst dich deines kleinen Bruders nicht zu schämen. Wenn ich auch erst siebzehn Jahre alt bin und dein lieber Mann immer so tut, als habe er unserer Mutter einen großen Gefallen getan, als er mich als Lehrjungen annahm: Ich werde es euch allen beweisen, daß ich die Lehre schaffe und auch den Kampf mit diesen Fässern da bestehe.

He, du da! Ja, dich dickes Faß meine ich! Bleib gefälligst

liegen, habe dir schon zweimal gezeigt, wo dein Platz ist. Laß es dir ja nicht einfallen, noch einmal - halt! Halt!

Es hört nicht, will einfach nicht hören, rollt immer schneller auf mich zu. Dumpf dröhnt es, knallt hart gegen den Eckstein. Das Biest ist voll und schwer. Weiß der Himmel, woher es seine Kraft nimmt, sich so einfach in Bewegung zu setzen und loszurollen. Setzen wir also wieder Kraft gegen Kraft! Fest eingestemmt, mit beiden Füßen hier an dem vorstehenden Pflasterstein. Und jetzt, jetzt packe ich dich! Au!

Mit einem Aufschrei fährt der Schläfer hoch, greift mit beiden Händen an das Schienbein und starrt verwirrt in den blaßsilbernen Mond.

Was war das? Ein Schlag gegen die Beine? Wer? - Ach ja: die Fässer, die ich auf Matthias' Weisung rollen muß! Ob es wirklich nötig ist, daß sie heute an der Laderampe oder morgen neben der Ausfahrt stehen? Oder geht es dem lieben Schwager vielleicht nur darum, mich zu schikanieren? Sagt zwar, das Rollen der Fässer sei nötig, damit mir Muskeln wüchsen, ein rechter Kaufmann müsse ein ganzer Kerl sein, um sich von seinen Bediensteten nichts vormachen zu lassen. Doch manchmal möchte ich meinen, es bereite ihm heimlich Spaß, wenn ich mich da abrackere, bis mir der Schweiß den Rücken herunterläuft.

Jetzt ist er voll erwacht, hebt das Gesicht und nickt dem Monde zu. Siehst du, alter Geselle, jetzt ist es schon soweit, daß ich von den Fässern träume. Bis hier herauf in die Dachkammer verfolgen sie mich, bis in meinen Schlaf hinein. Ständig sehe ich sie vor mir, nun schon im Traum. Als wenn mein Leben von ihnen abhinge, als ob ich nur dazu da sei, Fässer zu rollen.

Er beißt sich auf die Lippe, so heftig, daß er vor Schmerz aufstöhnt. Das ist es: das Unsinnige dieses Treibens! Fässerrollen als Lebenszweck?

Ein Bild taucht vor ihm auf, ein Bild aus der Schulzeit.

Im Griechischunterricht war das gewesen: Sisyphus! Da ist dieser Straßenräuber von den Göttern dazu verurteilt worden, einen mächtigen Stein zum Gipfel des Berges hinaufzurollen. Und immer, wenn er es fast geschafft hat, ganz kurz vor dem Ziel, entgleitet ihm der Stein und rollt zurück ins Tal. Und Sisyphus schaut ihm nach, mit versteinerter Miene, atmet tief durch und geht, langsam und gesenkten Hauptes, wieder hinab. Hinab zu dem Stein, um sich erneut an die Arbeit zu machen. Sisyphus, der es immer wieder anpackt, hundert-, hunderttausendmal. Immer wieder, ohne Ende, ohne Hoffnung. Eben nur, weil dieser Stein sein Schicksal ist, das Los, das ihm die Götter beschieden.

Der auf dem Strohsack ballt die Fäuste. Gerhard, sollen diese Fässer dein Leben erfüllen? Willst du dich – wie Sisyphus – unter solch ein Joch zwingen lassen? Er greift sich an die Stirn, lacht hilflos. Fässer füllen dein Leben aus! Tuchballen umsäumen deinen Lebenslauf! Und auf deinen Grabstein wird man einmeißeln: Hier ruht Gerhard Tersteegen. Er füllte sein Leben mit Fässern und Ballen. Und in Goldbuchstaben, ganz groß darunter: Darum war sein Leben leer!

Er schlägt die hohlen Hände vor die Augen, will nichts von all dem da draußen wissen, nichts von Mond und Sternen, nichts von hetzenden Menschen und keuchenden Strebern. Hineinhorchen möchte er, tief hineinhorchen in sich selbst, fragen: Was willst du, Gerhard? Eins ist gewiß: Du lebst. Du fühlst mit deinen Händen deinen Pulsschlag, hörst das Hämmern deines Herzens. Kein Zweifel: Du lebst.

Aber ist das alles? Bist das – du? Du, ganz und gar du? Der Mensch, der einen Sinn sucht? Ihn finden muß! Eben weil er ein Mensch ist?

Die Fässer da unten im Hof: So groß und schwer, so klotzig und beeindruckend sie sein mögen, leer oder randvoll – die, die können doch deine Seele nicht satt machen.

Was aber dann? Oder genauer gefragt: Wer?

Fragen und nochmals Fragen, und sie laufen am Ende alle auf eins hinaus: Was ist der Sinn meines Lebens? Wozu bin ich hier?

Er nimmt die Hände vom Gesicht, schlägt die Augen wieder auf. Der Mond ist ein gutes Stück nach rechts gewandert, hat fast den Rand der Dachluke erreicht. Bald wird er von hier, von meinem Lager aus, nicht mehr zu sehen sein.

Verzagt, ratlos blickt er zu dem Fensterchen empor. Wo finde ich die Antwort auf meine Fragen? Bei wem? Er schüttelt sich, da er ahnt: Nicht heute kommt mir die Antwort. Vielleicht aber morgen?

2 Nebelverhangen dieses Morgen, alles verschwebt grau in grau. Keine Konturen, schon gar keine Farben. Ein wenig Hoffnung hier, dann wieder bange Erwartung, womöglich gar Angst. So sieht das Morgen aus.

Nur das Gestern, das ist da, wahrhaftig und seltsam lebendig. Das Elternhaus in Moers, beängstigend groß für den kleinen Jungen. Bisher ist er nur herumgekrochen, bis zur Wand, die ihn nicht weiterließ; ein andermal hat er einen kurzen Blick durch die halboffene Tür geworfen und geahnt, daß dahinter auch noch etwas war. Doch erreicht hatte er das da draußen nicht, denn plötzlich war die Mutter da, hatte ihn zurückgezogen und die Tür zugeschlagen. Oder eine der großen Schwestern hatte ihn fortgescheucht. Am gröbsten waren die Brüder gewesen: „Weg von der Tür!“ Das war die erste Erfahrung seines Lebens gewesen: Immer ist da eine Grenze, die du nicht überwinden kannst.

Jauchzende Entdeckerfreude, als die ersten Schrittchen gelangen. Die Welt war größer geworden, doch die Grenzen waren noch immer da: „Halt, du fällst gleich!“ „Verbrenn dich nicht!“ „Laß das!“ „Quäl nicht die Katze!“ Und Klein-Gerhard hatte sie doch nur liebhaben wollen!

Und dann war der schwarze Tag gekommen: Mutter hatte rotgeweinte Augen, die großen Brüder trugen ernste Gesichter zur Schau, und die Schwestern weinten. Warum das so war, hatte der Kleine nicht ergründen können. Er hatte nur dumpf geahnt, daß da wieder eine Grenze war, eine unheimliche Grenze, grausamer als alle anderen.

Fremde Leute waren ins Haus gekommen, in schwarzen Gewändern, mit seltsam hohen Hüten über den ernsten Gesichtern. Und dann hatten sie eine große Kiste hinausgetragen. Und in der hatte, wie Gerhard später erfuhr, der Vater gelegen. Tot, was immer das sein mochte. Fort war er, kam nicht wieder.

Des Vaters Gesicht trat nur verschwommen aus dem Nebel

der Vergangenheit hervor. Ein Mann, vor dem selbst die sonst so vorlauten Brüder Respekt zeigten. Alles Lärmen erstarb, sobald er die Stube betrat. Und Mutter tat, als sei er der König, arbeitete noch eifriger als sonst und schien erleichtert, wenn er wieder ging.

Hinter dem Bilde des Vaters verblaßte das der Mutter. Eine stets geschäftig herumwuselnde Frau, die von früh bis spät zu tun hatte, die zwei Töchter und sechs Söhne zu umsorgen. Verständlich, daß sie kaum Zeit fand, sich um den Zweitjüngsten sonderlich zu kümmern. Und die älteren Geschwister hatten ihre eigenen Interessen und fertigten den Kleinen kurz ab: „Komm ein andermal, heute habe ich keine Zeit." Oder gar: „Laß mich mit deinem Kinderkram in Ruh!"

Eigentlich war da nur der Bruder Johannes gewesen, mit dem es sich reden ließ und der auf ihn einging. Es war wohl der nur geringe Altersunterschied, der sie verband, war doch Johannes nur zwei Jahre älter als Gerhard.

Gern dachte Gerhard an die Jahre zurück, in denen er die Lateinschule in Moers besuchte. Sie war bereits 1582 von dem Grafen Adolf gegründet worden und erfreute sich als „Schola illustris" eines guten Rufes. In elf Schuljahren, 1703 bis 1713, erwarb sich hier Tersteegen eine hervorragende Allgemeinbildung.

Der erste Schultag war ein Schritt hinaus in die Weite, ein Riesenschritt dazu. Diese kleinen schwarzen Männchen, die sich Buchstaben nannten, sich die Hände reichend zu Wörtern wurden und einen mitnahmen in eine Welt, von der man bisher nichts geahnt hatte: Lichte Tempel über einem blauen Meer, Helden, die auf schlankem Kiel die Wogen durchpflügten, Jason und das Goldene Vlies, Odysseus, der über die Meere irrte.

Rom dann: Ein Bruder erschlägt den andern. Hatte so etwas nicht schon Bruder Jodocus erzählt? Doch nein, die Brüder, von denen Jodocus sprach, hatten andere Namen getragen, nicht Romulus und Remus, sondern – richtig: Kain und Abel. Und von denen war in dem dicken Buch die Rede, das man Bibel nannte. Jodocus kannte sich darin aus, wollte er doch Prediger werden. Schade nur, daß er für den kleinen Gerhard nie Zeit hatte, ihn immer wie ein Dummchen behandelte.

Doch das war Gerhard nun schon lange nicht mehr. Seit er die Lateinschule in Moers besuchte, ging sein Blick in die Weite: in Zeiten, die Jahrtausende zurücklagen, und hinaus zu fernen Gestaden, von denen kühne Seefahrer Kunde brachten.

Noch immer starrte Gerhard, in Erinnerung versunken, hinauf zu dem Dachfenster. Der Mond hatte längst das Feld geräumt, zwei Sterne lugten jetzt durch das enge Geviert hinab in die Dachkammer. „Kastor und Pollux!" flüsterte Gerhard. „Die Zwillinge." Auch über den Sternhimmel hatte er in der Schule manch Neues erfahren. Andere mochten über die Fülle des Lernstoffes geseufzt haben – er, Gerhard Tersteegen, hatte alles begierig in sich aufgesogen: Latein, Griechisch und sogar Hebräisch. Im Urtext hatte er Homers Gesänge erlebt, das Alte und das Neue Testament so gelesen, wie sie einmal niedergeschrieben worden waren. Doch nicht nur die Antike hatte ihn gefesselt, er spürte auch der Gegenwart nach, ihrem Glanz wie ihrem Elend. Glorie, wie sie von Paris ausstrahlte: Feine Manieren und höfische Kunst, geistreiches Philosophieren und ernsthaftes Nachdenken über Gott, Welt und Mensch.

Die Musikalität der französischen Sprache hatte es ihm angetan. Welch ein Gegensatz: Das derbbiedere Niederländisch und das singende, klingende Französisch! Und jedes so liebenswert auf seine Art.

Ja, die Jahre von 1703 bis 1713, die Gerhard auf der „Schola illustris" verbracht hatte, waren Gewinn gewesen. Es wurde eben auf dieser Schule nicht nur gelernt oder gar gepaukt; gleichwertig neben all dem, was an Wissen angeboten wurde, standen Frömmigkeit und gute Sitte. Nur auf diese Weise war die Lateinschule in Moers das geworden, was sich Graf Carl Adolf gewünscht hatte: eine „Schola illustris".

Gerhard atmete tief durch, da er sich des Stolzes erinnerte, der ihm die Brust geweitet, als er die Verse seiner lateinischen Festrede sprach. Welch ein Beifall! Die Lehrer wie auch die Ratsherren, die an der Feier teilnahmen, hielten nicht mit ihrem Lob zurück.

Unmut machte jäh dem Stolz ein Ende: dieses Gespräch, das er unwillentlich mit angehört hatte. „Ich beglückwünsche Euch, Frau Tersteegen, zu der bravourösen Leistung Eures Sohnes. Er macht seinem verewigten Vater alle Ehre. Ich kann Euch nur raten, ihn studieren zu lassen, er ist zu Großem befähigt." Und Mutter stand, als habe sie nichts gehört. Erriet der Ratsherr ihre Gedanken? „Solltet Ihr aus finanziellen Gründen Bedenken haben, so könnt Ihr Euch vertrauensvoll an mich wenden. Ein Stipendium wäre nur ein geringer Dank für all das Gute, was Vater Henricus Tersteegen unserer Stadt hat zukommen lassen." Und Mutter? Sie stand und blickte ins Leere. Hatte sie überhaupt zugehört?

Nichts hatte sie unternommen, keinen Antrag auf die Gewährung eines Stipendiums gestellt, ihn nicht einmal gefragt, welchen Beruf er zu wählen wünschte. Über seinen Kopf hinweg hatte sie ihn zu Matthias Brinck, dem Mann ihrer Tochter Johanna, in „Condition" gegeben. Condition, das war der beschönigende Ausdruck für das deutsche Wort „Lehre".

3 Er schob die Decke beiseite, stand auf, ging zum Fenster, hob die Verriegelung aus der Raste und kippte die Scheibe hoch. Luft! Ganz dicht trat er an die Luke, die sich in Augenhöhe befand. Dächer ringsum, Tonpfannen- und Schieferdächer, vom Mondlicht übergossen, hier und da in der Nachtfeuchte aufblinkend. Ein leises Rauschen kam von der Ruhr her, wo das Wasser über ein Wehr fiel.

„Mülheim an der Ruhr." Er hatte es geflüstert, so daß auch ein feinhöriger Lauscher nicht hätte sagen können, welche Gefühle in den Worten lagen. „Schwager Matthias!" Jetzt war die Bitterkeit nicht zu überhören. So war das gewesen: Matthias Brinck hatte nur zögernd zugestimmt, als seine Schwiegermutter ihm diesen jungen Mann aufdrängte. Was war wohl der Grund seiner Zurückhaltung gewesen? Zögerte Brinck, weil er wußte, wie heikel es ist, einen aus der Familie in „Condition" zu nehmen? Oder hielt er Gerhard für ungeeignet zum Kaufmannsberuf? Spürte der nüchterne Rechner Brinck, daß dieser Junge von ganz anderem Schlag war?

Gerhard wandte den Kopf nach rechts, wo sich der Mond seinem Höchststand näherte. Vollmond im Süden, es mußte demnach Mitternacht sein. Zeit zum Schlafen, wirklich Zeit! Denn morgen heißt es wieder früh aus dem Stroh heraus, eiskalt waschen und dann ins Lager hinüber, die Bestände prüfen, Listen aufstellen, Posten abhaken, Bedarf anmelden. Wenn sie endlich zum Frühstück riefen, hatte man schon ein tüchtiges Stück Arbeit geleistet.

Frühstück: immer das gleiche, ein Knust Brot, Hirsebrei oder zur Abwechslung auch mal Buchweizengrütze. Im Sommer Buttermilch oder Molke, ganz selten frische Vollmilch und, wenn Milch knapp war, dieses scheußliche Dünnbier, das dem Magen so zu schaffen machte. Tatsächlich, der Magen machte Gerhard immer wieder Beschwerden. Und auch sonst war es um seine Gesundheit nicht gut bestellt. „Zähne zusammenbeißen!" riet Brinck, der über eine geradezu rustikale Gesundheit verfügte. Hatte gut reden, der Mann! Wer einen Pferdemagen besitzt, weiß nicht, wie einem zumute ist, dem das Dünnbier die Eingeweide zusammenzieht.

Ist Brinck mit dem Frühstücken fertig, so klatscht er in die Hände: „Los, an die Arbeit!“ Es kümmert ihn nicht, ob auch die anderen satt sind. Er, der Baas, ist satt, also haben es alle anderen auch zu sein. So will es nun einmal der Brauch. Der Baas bestimmt, was dran ist: aufstehen, arbeiten, essen, arbeiten. So dreht sich das Rad der Zeit, so rollt der Tag dahin.

Da ist die Kundschaft zu bedienen, Groß- und Kleinverkauf. Immer flink und guten Mutes. Setz ja keine Trauermiene auf, wenn dir der Magen revoltiert. Könntest mit deinem Gejammer einen Kunden vertreiben. Der Kunde aber ist König, nicht du! Du bist – ja, was bist du überhaupt? Ein kleiner Bückdich bist du, ein Jawohlmeinherr, ein Wiesiemeinenmadame. Das bist du, verstanden?

Also los jetzt und flenne nicht!

Mit einem Ruck zieht er die Luke zu, haut den Verschluß in die Raste. Wie ein Blinder tastet er sich zu seinem Lager, läßt sich auf die Strohmatratze fallen und zieht die Wolldecke hoch.

Ein Blick noch hinauf zu dem Fensterchen. Nun sind auch Kastor und Pollux weitergewandert, dunkel ist das Geviert. Und nun schlaf endlich, schlaf! Denn ein neuer Tag wartet auf dich, ein harter Tag, ein leerer Tag.

4

Es wandert sich gut mit leichtem Gepäck und frischem Mut, zumal dann, wenn das Wetter den Schritt beflügelt. Ein leichter Wind aus Südwest läßt die Blätter der Pappeln rascheln, weißbauschige Wolken ziehen träge am Himmel dahin.

Gerhard Tersteegen schreitet wacker aus und pfeift sich ein Lied dazu. Eine angenehme Unterbrechung des täglichen Einerlei, diese Reise nach Duisburg. Er lacht in sich hinein. Reise! Als wenn man das wirklich eine Reise nennen könnte, von Mülheim nach Duisburg! Ein Spaziergang ist das, mehr nicht, ein angenehmer dazu, führt der Weg doch durch eine anheimelnde Landschaft mit üppig grünen Wiesen, die hier und da von verträumten Buschreihen umsäumt werden.

Da vorn wieder ein Wald, der letzte vor Duisburg. Bald habe ich auch den hinter mir. Und marschierte ich weiter, bis an den Rhein, ließe mich vom Fährmann übersetzen, nun, dann wäre es nicht mehr weit bis nach Hause, nach Moers. Wie es wohl Mutter ergeht? Habe lange nichts von ihr gehört. Sie schreibt nicht, läßt nichts von sich hören. Und ich?

Er greift sich schuldbewußt an die Stirn. Nun ja, es liegt nicht nur an Mutter, wenn der Briefwechsel eingeschlafen ist. Ich müßte mich auch mal hinsetzen und –

Nanu, was ist denn das? Ein jäher Schmerz, der durch den Leib sticht. Ein Stich wie mit einem Messer, das dir einer in den Rücken bohrt und jetzt langsam, ganz langsam, hin und her dreht. Jetzt wieder, und noch wilder, noch heftiger!

Schatten dort vorn am Waldrand, ein Stapel gefällter Bäume. Könnte mich dort hinsetzen, verschnaufen, abwarten, bis der Schmerz nachläßt. Und wieder dieses Stechen, bei jedem Schritt, bei jeder auch noch so leisen Erschütterung.

Ganz behutsam setzt er Schritt vor Schritt. Und fühlt, wie der Schmerz ihn trotzdem durchbohrt, sich weiterfrißt, nun in den Oberschenkel ausstrahlt, gar bis zum Knie hinunterzuckt.

Mit letzter Kraft erreicht er den Holzstapel, krümmt sich

zusammen und zieht die Knie bis zum Kinn herauf. Mit beiden Armen umklammert er die Beine und preßt sie an den Leib. Eiskalter Schweiß auf der Stirn, und die Zähne knirschen, die fest verklammerten Hände verkrampfen sich.

Mein Gott, was ist das nun wieder? Habe ich nicht schon genug gelitten, von Kindesbeinen an? Magenschmerzen mit Übergeben, Durchfall oder auch Verstopfung, mal so, mal so. Ausschlag im Gesicht, manchmal am ganzen Körper. Zittern der Hände und Schüttelfrost.

Ein Sorgenkind, wie Mutter mich nannte. Und jetzt noch dies Schneiden, das dich zerreißt. Schreien willst du, schreien! Doch dir fehlt die Luft zum Schreien. Brüllen! Brüllen möchtest du, daß die Bäume vor Schreck die Äste zusammenschlagen. Doch nur ein Würgen quält sich aus deiner Kehle.

Wie Wellen jagen die Anfälle über ihn dahin, zerreißen den Leib mit glühenden Krallen.

Er ist am Ende, kann nicht mehr, will nicht mehr. Die Hände lösen sich, lassen die Knie los, sinken auf das rindige Holz. Da kniet er jetzt neben dem Stapel, die schweißnasse Stirn auf rissiger Rinde. Wie gut das Holz duftet! Und dabei haben sie es doch so gemartert, als sie es fällten, danach in Stücke zersägten. Jetzt ist die Säge bei mir angesetzt, zischt hin und zurück, hin und zurück, zerreißt mir den Leib. Und ich liege da, kann nichts tun, mich nicht wehren, muß es über mich ergehen lassen.

Kann nichts tun? Doch: beten kann ich! Beten. Mann, hast du nicht schon oft genug gebetet? Damals – du entsinnst dich –, als die Fässer dir so zusetzten. Dann wieder, als du – Nein! Du hast jetzt keine Zeit, Erinnerungen wachzurufen. Da: Wieder jagt es dir glühend durch den Leib, sägt mit zackigen Zähnen! Hörst du nicht dein Stöhnen? Fühlst du nicht den Angstschweiß, der dir von der Stirn in die Augen rinnt? Begreifst du noch immer nicht? Der Tod greift nach dir, der Tod!

Der Tod. Sterben, was ist das? Hat etwas mit Übergang zu tun, wenn du damals richtig zugehört hast, damals in der Schule. Siehst du, dann stehst du vor Gott, und der fragt dich – ja, wonach wohl? Ob du die Fässer fleißig gerollt hast? Ob du die Listen, die Brinck dir in die Hand drückte, richtig abgehakt hast? Du Narr! Nichts hast du, was du vorweisen kannst. Mit leeren Händen stehst du vor ihm. Vor Ihm!

Wer spricht da? Ich selbst! Ich selbst rede, und die Worte rasen dahin, auf den Wellen des Schmerzes, getrieben von Geißelhieben, gejagt von Messerstichen: „Ich weiß, Herr, ich weiß: Du kannst mit mir tun, was du willst. Kannst mich sterben lassen, hier und jetzt gleich. Aber ich habe solche Angst, Herr. Nicht vor dem Sterben, aber vor dem, was dann kommt: vor dir, Herr! Bitte, bitte, erlaß es mir, mit leeren Händen vor dich zu treten. Ja doch, ja: Ich habe nichts, was ich dir vorweisen könnte. Darum, Herr, und nur darum flehe ich: Gewähre mir noch ein wenig Zeit! Zeit, damit ich pflügen, säen und einbringen kann, was dir gefällt."

Nein, er wird sich später nicht mehr an den Wortlaut seines Gebetes erinnern können. Wer wäre dazu wohl fähig? In Todesnot kommen dir Worte, die du nie im Leben gekannt hast, Worte, die dir entfallen sind, sobald du wieder denken kannst.

Was du so denken nennst. Vielleicht hast du nur dort, in jener Stunde der Todesangst, einmal in deinem Leben, ein einziges Mal, wirklich gedacht.

Plötzlich ist es still, ganz still. Draußen still, drinnen still. Kein stechender Schmerz mehr, keine Sterbensangst. Nur Frieden.

Er kann wieder atmen, ganz ruhig und ganz tief. Vorsichtig bewegt er die Finger der rechten Hand, den Zeigefinger, nun die anderen, alle der Reihe nach. Jetzt auch die Linke. Es geht. Sie zittern nicht mehr, sie gehorchen willig. Er lauscht in sich hinein. Nichts. Wirklich nichts. Und das ist viel, das ist sogar alles. Denn es bedeutet Leben.

Er rafft sich hoch und blickt sich um, ein wenig ungläubig. Ist wirklich alles vorbei? Und dann begreift er: Er hat mich erhört! Er hat mir noch die Zeit gegeben, um die ich bat. Zeit, die ich füllen muß, erfüllen. Zeit, die mir geliehen ist, zu treuen Händen. Damit ich mit ihr etwas anfange, mit mir etwas anfange!

Noch zaghaft setzt er einen Schritt vor den andern. Er weiß, daß er eine entscheidende Stunde hinter sich hat. Nie wird er sie vergessen. Sie ist die erste Marke auf einem Weg, der eben begonnen hat. Eine Marke, mehr noch nicht.

5 Die geschäftlichen Verhandlungen in Duisburg: eine Qual für einen, der eben erst erfahren hat, wie nichtig alles Planen und Wollen ist. Da war doch - mitten in rasendem Schmerz - ein Blick durch den Vorhang gewesen, das Aufblitzen einer anderen Welt. Und irgendwo hinter dem Verhau von Angst und Qual - Gott.

Jetzt aber, wenige Stunden später, sitzt du hier deinen Geschäftsfreunden - oder sind sie deine Konkurrenten? - gegenüber, redest, handelst, feilschst und suchst das Beste für dich herauszuholen. Als wenn im Soll und Haben dein ewiges Heil zu gewinnen sei!

Nun, er hat auch diese Stunden überstanden, nicht alles erreicht, was er sich versprochen hatte, aber einen immerhin erträglichen Abschluß gefunden.

Zum Abend alte Freunde besucht. Er hatte sich auf das Wiedersehen gefreut, doch auch dieses Treffen hatte sich als eine Enttäuschung herausgestellt. Wie wenig Gemeinsames verband ihn noch mit den Schulfreunden! Lebten sie nicht in einer ganz anderen Welt? Mit ihren Erfolgen prahlten sie, stellten ihre Wohlhabenheit zur Schau, selbst ihre Kinder wurden vorgeführt, als seien sie Ausstellungsstücke gutbürgerlicher Vorzeigekultur.

Früher als beabsichtigt hatte Gerhard sich verabschiedet, Müdigkeit vorgeschützt und sich zur Ruhe zurückgezogen. Doch selbst in der so geliebten Stille der Einsamkeit fand er diesmal nicht den Frieden, den er doch so suchte. Bilder tauchten aus der Nacht, Bilder, in denen er sich sah, als sei er ein anderer, ein Fremder: Da saß ein Einsamer vor einer kümmerlich flackernden Lampe. Bücher türmen sich rings auf dem Tisch, auf den Stühlen, sogar auf dem Boden. Zerlesene Folianten, nach Staub riechend, abgegriffen und am Rande zerfasert. Buchstaben tanzen vor seinen Augen und singen ein trauriges Lied vom Sehnen und Suchen, vom Tüfteln und Sinnieren: Gott, wo bist du? Weit, ganz weit draußen? Über den Sternen, hinter dem Orion noch? Oder ganz nah, so nah, daß ich dich greifen könnte, wenn ich nur wüßte, wie.

Dieses Buch da: Jakob Böhme hat es geschrieben. Ist ein Schuster aus dem schlesischen Städtchen Görlitz. Jawohl, ein Schuster! Aber wie hat dieser Schuster nachgedacht! Nachgedacht über Gott und sich selbst, dabei philosophiert wie einer der ganz großen Denker. Wenn ich nur alles verstünde! Zu dunkel erscheinen mir die geheimnisvollen Bilder, in denen sich dieser Grübler Gott auszumalen versucht: Gott in allem, im Großen und im Kleinen, dem unendlich Fernen und der bedrückenden Nähe? Gott in mir und ich in ihm?

Nein, nein und nochmal nein! Das kann nicht sein: Gott in mir, dem Sünder? Das ist nicht möglich, denn es machte ihn mir gleich. Und das zu meinen wäre Gotteslästerung.

Eine unruhige Nacht in Duisburg. Und auch der Heimweg nach Mülheim wird nicht eben friedlich. Denn die Gedanken wandern mit, diese bohrenden Fragen, die nach Antwort schreien und doch keine Antwort finden.

Er schreckt aus seinem Grübeln auf. Da vorn ist das Wäldchen, in dem er gestern den Schmerzanfall erlitt, dort drüben der Holzstapel, an dem er betend kniete. Im Vorbeigehen streicht Gerhard mit der Hand über das Holz. Fühlt sich gut an, zeugt von Leben und duftet selbst geschnitten noch nach Saft und Kien. Hast es gut, Holz, wächst, wie das Jahr es dir gibt, einen schmalen Ring, wenn das Jahr dürr war, einen breiten, wenn der Himmel genug Feuchte hergab. Kümmerst dich nicht um all die anderen Bäume ringsumher, siehst ohne groß nachzudenken zu, wie du ans Licht kommst. Du klagst nicht, wenn es dich dürstet, und jammerst nicht, wenn dich im Winter der Frost zerreißt. Und stöhnst nur auf, wenn du fällst.

Ich aber: Ich muß wissen, wozu ich da bin, muß fragen nach Sinn und Ziel. Weil ich ein Mensch bin. Eben, weil ich ein

Mensch bin, will, nein: muß ich erfahren, woher ich komme und wohin mein Weg mich führt.

Mann, jetzt fängst du schon wieder an zu grübeln und – gib es nur zu – nicht nur über dich selbst, nein, du versteigst dich viel höher hinauf, rüttelst an den Festen des Himmels und greifst nach Gott. Laß dich nicht auslachen, kein Baum wächst in den Himmel, und auch deine Gedanken reichen nicht dorthin.

Aufgeben also, resignieren? Sich eingestehen, es sei alles vergebens? Verbissen stürmt er weiter, seine Schritte werden immer länger, als könne er das Ewige, das irgendwo dort in der Ferne liegt, erstürmen.

Und er weiß doch nur zu gut, daß mit Laufen und mit Rennen gar nichts zu gewinnen ist. Wie sagt doch immer Kandidat Hoffmann? „In der Leidsamkeit liegt die Verheißung!“ So oder ähnlich. Jedenfalls kreisen Bruder Hoffmanns Gedanken immer wieder um diese Leidsamkeit. Dieser Wilhelm Hoffmann: auch so ein Querkopf wie ich selbst. Nein, der Vergleich hinkt. Ich mache es mit meinen Fragen immer nur mir selber schwer, Hoffmann aber legt sich streitbar mit allen an, die nicht seiner Meinung sind, überwirft sich sogar mit der kirchlichen Oberbehörde. Will nicht, wie sie es erwartet, den Heidelberger Katechismus anerkennen, der doch die Bekenntnisgrundlage unserer Reformierten Kirche ist. Er hat etwas gegen dessen Aussage, daß Christus unser alleiniger Trost im Leben und im Sterben ist. Nein, Hoffmann beharrt darauf, auch der Mensch müsse etwas dazutun, sich in gelebter Frömmigkeit üben und in der – Leidsamkeit!

Tief in Gedanken spürt Gerhard nicht, daß es leise zu sprühen begonnen hat. Ein feiner, warmer Regen, so zart, daß er im Gesicht kaum zu spüren ist, dann langsam zunehmend. Mit dem Ärmel wischt sich der Wanderer die Feuchte von der Stirn. Ein leichter Sommerregen, kann nur wohltun.

6 Wie ein milder Sommerregen waren auch die Gespräche in dem von Kandidat Hoffmann geleiteten Donnerstagabend-Kreis. Es waren die Stillen im Lande, die sich da Woche für Woche versammelten. In ihrem Kreis fühlte Gerhard sich wohl. Bibellese und Gebet, sie waren wie Tropfen eines erquickenden Regens, der - nach der Dürre des Krämertages - die durstige Seele stillte.

Daß Hoffmanns Streitbarkeit zur Abspaltung von der Kirche zu führen drohte? Gerhard spürte die Gefahr, doch sie schien ihm noch nicht so groß, daß er deswegen den Kreis hätte verlassen müssen. Er brauchte die Brüder, die wie er Gott suchten. Er konnte die stillen Stunden gemeinsamen Hörens auf das Wort der Heiligen Schrift nicht missen. Das Gebet in diesem Kreis war das einzige Band, das ihn, den einsamen Sucher, noch mit anderen vereinte.

Ohne es zu merken, ist er ins Laufen gekommen, nicht etwa, weil der Nieselregen ihn nun doch durchzuweichen beginnt, nein, weil es ihn heimwärts treibt, nach Mülheim, nach Hause.

Ja, so ist das jetzt: Moers ist Vergangenheit, Erinnerung, die mehr und mehr verblaßt. Mülheim ist, ohne daß es ihm bisher so recht bewußt wurde, zur neuen Heimat geworden. Der Bruderkreis dort, die Donnerstagabende, Kandidat Hoffmann: ihnen fühlt er sich verwandt, sie sind Sucher wie er, Pilger unterwegs, immer den Blick in die Weite gerichtet. Irgendwo dort voraus muß doch Gott zu finden sein, irgendwo dort hinter dem Horizont.

Oder ganz nah? Wie die „Inspirierten" behaupten? Seltsam, daß seine Schritte plötzlich unsicher werden. Aus dem Traben wird ein Stolpern, Taumeln. Und jetzt steht er, die Arme angewinkelt, die zu Fäusten geballten Hände vorgestreckt. Er starrt sie an, verwundert, als seien es nicht die eigenen. Sie zittern, beben, immer stärker, schon packt das Schütteln seinen ganzen Oberkörper. Er hört seine Zähne knirschen, ringt nach

Atem. Nun läßt das Zittern endlich nach, verebbt, rinnt aus, weicht einer großen Ruhe.

Siehst du, so geht es dir immer, wenn du dich auf diese angeblich vom Geist Inspirierten einläßt. Hast es mit ihnen versucht, weil du ergründen wolltest, ob nicht vielleicht ihr Weg zu Gott führt. Und? Gut, es gelang dir, wie sie in Verzückung zu geraten, diese Anfälle zu erleben, deren sie sich so stolz rühmen: Der Geist Gottes fahre in dich! Bete nur, sagen sie, bete nur fleißig und mit tiefer Inbrunst. Und wenn es dich dann zu schütteln beginnt, dann bist du nicht mehr du, Behausung bist du dann, Wohnung des Heiligen Geistes, der dich ganz in Beschlag nimmt.

Und du, du hast ihnen das abgenommen, hast dich im stillen Kämmerlein abgequält, hast gebetet und gerungen, daß es dir die Seele aus dem Leib schüttelte.

Gesenkten Hauptes trabt er weiter, mit leeren Augen, leerem Herzen. Nein, Gerhard, es war nicht der Geist Gottes, der dich da durchschüttelte. Gott ist Sanftmut und Stille, Gott ist Güte und Liebe. Und was dich jetzt zittern macht, das ist auch nicht dieser von den Inspirierten zitierte Geist, es ist ganz einfach die Nässe, die dir bis auf die Haut durchgedrungen ist und dich frösteln läßt. Los, Mann, trabe schneller, lauf dich warm, sonst wirst du dich erkälten!

Da drüben die Ruhr, in weitem Bogen schwingt sie heran. Die Weiden, die ihr Ufer säumen, lassen traurig die Äste hängen, es tropft von den Blättern der Erlen. Die ersten Häuser nun, leer die Straße. Wer treibt sich bei diesem Wetter auch draußen herum? Wer irgend kann, hockt in der Stube oder schafft sich an der Werkbank warm.

Das kleine Büro durchmißt er mit wenigen raschen Schritten. In der Kammer reißt er sich das nasse Zeug vom Leibe, reibt sich trocken und schlüpft erleichtert in die frische Wäsche. Nun noch die Wolljacke darüber, und schon fühlt man sich wohler.

Und dann steht er vor dem Schreibpult, das große Buch mit

Soll und Haben vor sich. Er starrt auf die Zahlen, sieht sie und sieht sie doch nicht. Zahlen, tote Zahlen! Was sollen sie ihm? Was können sie ihm geben?

Die Geschäftsfreunde, die Kunden: Gesichter, hinter die du nicht schauen kannst. Sie reden, reden und reden, doch ihre Augen schweigen dich an, lassen dich in einsamer Kälte stehen.

Die Namen da, alles Kunden. Unsinn, nicht Kunden, nur Kundschaft. Verstehst du? Kund-schaft! Das ist ein vom puren Zufall zusammengeführter Haufe. Und dieser Haufe von leeren Gesichtern und hohlen Augen redet auf dich ein, handelt, feilscht und übervorteilt. Mann, was hast du mit denen zu schaffen? Merkst du denn nicht, daß sie dich nur ablenken von deinem Ziel? Dieses Lamentieren, Jammern oder auch Hochjubeln – je nachdem, was Vorteil verspricht! Und du stehst da, hörst zu, läßt dich betäuben.

„Nein!" Er hat es laut gesagt, fast geschrien. Und noch einmal: „Nein!" Er stößt die Schreibfeder so hart ins Tintenfaß, daß sie zerknickt. „Ich mache Schluß, Schluß mit Handel und Geschäft!"

Sein Kopf ist vornüber gesunken, die Stirn liegt auf den gefalteten Händen. So verharrt er an seinem Stehpult. Das ist nun kein Schreibpult mehr, es ist ein Betpult geworden.

Bilder jagen vor den geschlossenen Augen vorbei: die Inspirierten mit ihren Zitteranfällen. Nein, sie sind auf dem falschen Wege! Kandidat Hoffmann: ein inniger Beter, ja. Aber sein Eifern gegen die verfaßte Gemeinde, gegen Kirchenordnung und Bekenntnis? Führt das nicht aus der Gemeinschaft der Gläubigen heraus, in die Vereinsamung, die Vereinzelung, in die Verlassenheit?

Seine Stirn schlägt hart auf die Pultplatte, das massive Lindenholz erdröhnt. Herr, ich weiß nicht, welchen Weg ich gehen soll, ich laufe in die Irre und greife ins Leere. Schenk mir Ruhe zum Besinnen und Stille zum Nachdenken.

Dieses Pult hier, dieses Büro, sie taugen nicht zur Stille. Nach Kunden schreien sie, nach Kundschaft, Kundschaft, Kundschaft.

Der Leineweber Johannes! Der ist einer von den ganz Stillen im Lande. Der sitzt versunken vor seinem Webstuhl und läßt mit flinken Fingern das Schiffchen hin und her fliegen. Doch seine Gedanken wandern, sind ganz woanders, weben am Ewigen.

Gerhard Tersteegen reckt sich hoch. Seine Hände ruhen noch auf dem Stehpult, doch seine Augen blicken durch die Wände des Büros hindurch. Er hat sich entschieden: Ich gebe den Kaufmannsberuf auf, werde Weber! Da finde ich Stille. Auf dem Webstuhl nur Fäden in Schuß und Kette. Wer sich nicht auskennt, könnte meinen, da gehe es laut zu. Schuß! Hört sich doch an, als knalle es da! Doch es ist nur der Lauf des Weberschiffchens, das quer durch die Fäden der Kette schießt, lautlos, unhörbar. Es stört dich nicht, redet dir nicht drein, läßt deinen Gedanken weiten Raum.

Gedacht, getan. Mochten die andern ihre Köpfe schütteln über diesen jungen Mann, der sein Geschäft, das sich gar nicht so schlecht angelassen hatte, so unvermittelt hinwarf, um sich nun als Leineweber zu betätigen. Ein Hungerberuf, wenn man sich's näher ansah. Sitzt da geschlagene zehn oder zwölf Stunden vor dem Webstuhl und ziehst den Rahmen vor und zurück, vor und zurück. Und dazwischen greifst du nach rechts, wirfst das Schiffchen nach links, fängst es dort auf, kippst den Rahmen und wirfst das Schiffchen nun wieder nach rechts. Und nun noch einmal dasselbe, wieder und wieder. Tausendmal am Tag? Zehntausendmal? Wenn das reicht! Es hat noch keiner nachgezählt.

Der Rücken schmerzt, die Armmuskeln verkrampfen, der Nacken wird dir steif. Da hast du's, die Koliken, da sind sie wieder, und heftiger als je zuvor. Sie halten länger an, zwingen dich aufs Bett und ziehen dir den Leib zusammen, daß du dich krümmst.

Nein, es war nichts mit der Weberei. Zu schwach zeigte sich Tersteegens körperlicher Zustand, zu angegriffen seine Gesundheit. Ein Ausweg? Versuchen wir es als Seidenbandwirker! Hört sich doch gut an: Seide. Muß etwas Feines sein, nicht wahr? Seidenbandwirken erfordert keinen so großen und schweren Rahmen, ist eher so etwas wie eine künstlerische Miniatur der groben Weberei. Frisch ans Werk darum!

7 Schwager Matthias Brinck hatte auf dem einzigen Stuhl, der sich in der Kammer befand, Platz genommen. Seine Brauen zuckten, als er seinen Blick durch den Raum wandern ließ. Ein wackliger Tisch, ein verschossener Vorhang, hinter dem sich das verbarg, was man gewöhnlich in einem Kleiderschrank unterzubringen pflegt. Aber Regale an den Wänden entlang, sogar unter der Dachschräge, aus ungehobelten Brettern grob zusammengenagelt. Und Bücher darauf, Bücher, Bücher und abermals Bücher.

Gerhard hatte, als der Schwager eintrat, die Bettdecke bis ans Kinn emporgezogen, lag jetzt still und ergeben, wartete auf den Ausbruch, der unweigerlich kommen mußte.

„Schau, schau! An Büchern besteht ja wohl kein Mangel?"

„Sie gehören mir nicht. Brüder haben sie mir geliehen, damit ich –" „Brüder!" höhnte Matthias. „Genau solche Träumer wie du! Finden sich in dieser Welt nicht zurecht und philosophieren sich darum dummes Zeug über Gott und die Welt zusammen."

Er griff nach dem nächstbesten Band, las laut den Namen des Verfassers: „de Bernières-Louvigny?" Er runzelte die Stirn. „Ein Franzose!" Er schlug das Buch auf, ließ die Blätter durch die Finger gleiten. „Und natürlich auch in französischer Sprache geschrieben." Er nickte Gerhard grimmig zu. „Bist ja ein gelehrtes Haus, beherrschst das Französische, kannst sogar Latein und Griechisch –" „Und Hebräisch!"

Die Worte waren Gerhard ungewollt über die Lippen gekommen, und er ärgerte sich über sich selbst, kaum daß er sie ausgesprochen hatte. Klang es nicht, als wolle er sich seines Wissens rühmen? Doch nun war es heraus, und Matthias biß sofort an: „Ja, ja, jaaa! Unser Gerhard ist ein großer Gelehrter! Ist viel zu schade für den Kaufmannsstand, will höher hinaus!"

Und nun wurde es bissiger Hohn: „Ganz hoch hinaus, bis in diese Dachkammer! Ein gelehrter Hungerleider, ein –" Es verschlug ihm die Sprache, er rang die Hände. „Womit hat mein Hannchen nur einen solchen Bruder verdient?" Er fand die Sprache wieder. „Sie traut sich kaum noch aus dem Hause. Deinetwegen, Gerhard, deinetwegen!" Er beugte sich vor, zischte: „Der Name Tersteegen hatte einen guten Klang, nicht nur drüben in Moers." Er reckte sich in den Schultern. „Stolz war ich, als ich deine Schwester Johanna zum Traualtar führte. Doch jetzt? Du hast den guten Namen Tersteegen in Verruf gebracht. Du!"

Er wischte sich den Schweiß von der Stirn. „Will gar nicht davon reden, welchen Undank du uns erwiesen hast. Vier Jahre habe ich dich – auf das inständige Bitten deiner Mutter – bei mir in Condition gehabt und versucht, einen ehrenwerten Kaufmann aus dir zu machen. Und als deine Lehrzeit beendet war, du ein eigenes Geschäft gründetest, da habe ich dich nach Kräften unterstützt. Du aber –" Er hieb so wuchtig mit der Faust auf den Tisch, daß ihm der Schmerz das Gesicht verzog. „Du gibst von einem Tag zum andern auf, wirfst alles einfach hin, als sei es keinen Heller wert."

Er schnaufte, da ihm der Atem ausging. „Als Leineweber hast du dich versucht, dann, als deine schwächliche Verfassung dies nicht zuließ, als Seidenbandwirker." Er wiederholte das Wort und ließ es sich dabei auf der Zunge zergehen: „Als Sei-den-band-wir-ker! Hört sich fein an, nicht wahr?" Sein Kopf ruckte vor. „Und? Ein Hungerleiderdasein!" Er genoß das Wort, ließ es ausklingen, lehnte sich – zufrieden mit sich selbst – entspannt zurück.

„Ganz zufällig hört Hannchen, daß du wieder einmal krank liegst. Und als deine liebe Schwester bittet sie mich, dich aufzusuchen, um zu sehen, wie es dir geht." Er plusterte die Backen. „Na schön, jetzt weiß ich ja, wie es dir geht. Liegst hier, starrst an die Bretterverschalung der Dachschräge und hörst wehleidig zu, wie dir der Magen knurrt."

Er war zu einem Entschluß gekommen. „Nein, so geht das

nicht weiter. Was sollen die Leute von mir denken? Daß ich meinen kranken Schwager verkommen lasse? Das hätte mir wahrlich noch gefehlt, mein guter Ruf wäre dahin." Er sprang auf. „Los, hoch mit dir! Zieh dich an, ich helfe dir." Er riß die Bettdecke weg, zog den Vorhang beiseite, durchsuchte die dahinter hängenden Kleidungsstücke. „Hier, diese Hose! Ah, da ist ja auch noch warmes Unterzeug, warte, ich werde –" Er ließ Gerhard überhaupt nicht zu Wort kommen, redete, griff zu, half hier und packte da mit an. Und Gerhard ließ es geschehen. Was blieb ihm auch?

Gerhard hätte später nicht berichten können, wie er in das Haus des Schwagers gekommen war. Irgendwie hatte der kräftige Matthias es geschafft, ihn das kurze Stück Wegs zu geleiten. Dann war Hannchen da, sagte kaum ein Wort, doch ihr Gesicht war Vorwurf genug: Warum, um Gottes willen, tust du uns das an, Gerhard?

Auch im Hause des wohlhabenden Schwagers war eine Dachstube gut genug für ihn. Immerhin, man sah nach ihm, versorgte ihn und war zufrieden, daß nun die Nachbarn nicht mehr über den mißratenen Bruder Gerhard zu tuscheln brauchten.

8 Doch bald ließ die Aufmerksamkeit nach, es gab im Hause Brinck schließlich Wichtigeres zu tun, als ständig nach dem kranken Schwager zu sehen. Kunden wollten bedient sein, Geschäftsfreunde meldeten sich zu Besprechungen an, Reisen mußten geplant, Abschlüsse getätigt werden. Und die Hausfrau trug die Verantwortung, daß alles ohne Störung ablief, daß die Gäste wohlversorgt waren, die Angestellten zur rechten Zeit ihr Essen bekamen und für den Hausherrn alles bereitlag, wenn er sich plötzlich für eine wichtige Verhandlung umkleiden oder gar kurzfristig verreisen mußte.

Da lag Gerhard nun wieder genauso verlassen wie zuvor in seiner eigenen ärmlichen Bleibe. Dort hatte sich niemand um ihn gekümmert, nur zufällig hatte sich dann und wann eine Dienstmagd des Hauses heraufbemüht und ihn, den brennender Fieberdurst plagte, mit einem Krug Brunnenwasser versorgt.

Und nun, im Hause des Schwagers?

Wie, die Sonne stand schon hoch im Süden? Mußte längst Mittagszeit sein, doch niemand hatte bisher nach ihm gesehen. An den Hunger hatte er sich längst gewöhnt. Doch dieser Durst! Ausgetrocknet die Kehle, geschwollen die Zunge, verdorrt der Körper. Kommt denn niemand? Sieht keiner nach mir? Ist da keine Seele, die an mich denkt?

Und er wartet, lauscht, hofft. Stunde um Stunde. Endlich, es dämmert schon, knarrt die Treppe. Ist genauso ausgedörrt wie ich selber. Nur daß ich nicht knarre –

Ein Schatten in der Tür: „Trine!" Sie ist es, Trine, die Hausmagd Hannchens. Wie sie mich ansieht! Bilde ich es mir nur ein, oder verachtet sie mich wirklich? Die Magd, die den Bruder der Hausherrin verachtet? So etwas gibt es doch nicht, kann es nicht geben. Und doch, in ihrem Gesicht steht allzu deutlich Verachtung. So weit ist es also schon mit mir gekommen, so weit –

„Trine?" „Ja?" Wieviel Verachtung man in ein so kurzes Wort legen kann! Doch ich will es überhören, muß es überhören, benötige ja ihre Hilfe. Nimm dich also zusammen, laß dir nicht anmerken, wie dir zumute ist.

„Dort auf dem Tisch liegt meine Börse." „Ja." Sie wartet nicht einmal ab, was ich von ihr erbitten werde, nimmt einfach meine Börse in die Hand, öffnet sie, schüttelt sie und verzieht den Mund. „Nur ein Stüber drin, ein einziger Stüber!" So, jetzt weiß sie Bescheid über deinen Wohlstand, Tersteegen. Nein, nicht mehr Herr Tersteegen, einfach nur Tersteegen.

Er hört sich sagen: „Würdest du mir wohl für den Stüber ein wenig Dünnbier holen?" Wie lieb er bitten kann! Und sie? Steht, schaut ihn kurz an, langt sich den Stüber und geht. Kein Ja, überhaupt kein Wort mehr. An so einen wie ihn verschwendet man kein Wort.

Kann nicht lange dauern, bis sie das Dünnbier bringt. Sind ja nur ein paar Schritte über den Hof. Gleich wird sie zurückkommen, mit einer Kanne Dünnbier. Ein scheußliches Zeug, dieses Dünnbier. Doch es kann den Durst stillen, diesen entsetzlichen Durst. Gedulde dich also – Hoffmann würde sagen: geleide dich –, gleich wird Trine kommen, gleich.

Gleich. Gleich? Es ist dunkel geworden, Nacht. Wo nur Trine bleibt? Türen schlagen zu, ein Fensterriegel quietscht, dann wird es still. Die Stadt schläft. Und Trine auch.

Eine lange Nacht, eine bange Nacht. Durst quält, und Hitzewellen jagen durch den Körper des Fiebernden. Prasselt Regen auf die Dachschräge? Wenn man nur aufstehen könnte! Man würde das Fenster aufstoßen, den Kopf hinausstrekken, den Mund weit öffnen und den Regen trinken. Wie man es als Kind tat, so aus Spaß. Jetzt ist es kein Spaß, ist bittere Not, tödlicher Ernst. Helft mir doch zum Fenster, helft mir!

Daß auch Hannchen mich vergessen hat! Ist doch meine Schwester. Matthias? Der hat mich längst abgeschrieben! So wie er das Pferdegespann im Laufe der Jahre abgeschrieben hat.

Die Treppe knarrt? Man kommt. Wer kommt? Mit Wucht fliegt die Tür auf, Trine stemmt sich herein, haut den Krug auf den Tisch. Sie streift den Kranken mit einem kurzen Blick, kommt seiner Frage zuvor: „Hatte anderes zu tun." Und schon ist sie wieder fort. Er blickt ihr nicht nach, sieht nur den Krug da, zieht ihn mühsam zu sich heran, setzt ihn mit zitternden Händen an den Mund und schlürft. Dünnbier, das Billigste vom Billigen, kann auch den Schwächsten nicht berauschen, aber es stillt den Durst. Es stillt den Durst des verschmachtenden Körpers, doch den Durst der Seele stillt es nicht.

9 Die Stimmung war gedrückt, und das lag nicht nur an der Trauerkleidung der Versammelten. Johannes Tersteegen, der Jüngste der Familie, sah sich verstohlen um. Er kannte die Geschwister gut genug, um in ihren Gesichtern lesen zu können. Die drei Brüder dort drüben: hochehrbare Kaufleute, gutsituiert, was sich nicht nur in ihrer Kleidung, sondern mehr noch in ihren selbstbewußten Mienen ausdrückte. Auch ihre Ehefrauen strahlten Sicherheit und Bürgerstolz aus.

Die beiden verheirateten Schwestern paßten trefflich in dieses Bild. Allenfalls Schwester Johanna, Brincks Frau, wirkte ein wenig befangen. Verständlich für jeden, der wußte, daß Matthias Brinck allein das Sagen hatte und Hannchen nie aufzumucken wagte.

Jodocus hob die Hand. War zwar nicht der Älteste im Brüderkreis, aber immerhin etwas Besonderes: Prediger in Hueth, einem Nest da oben bei Wesel.

So, jetzt ist es in der großen Stube endlich still geworden. Jodocus räuspert sich. „Liebe Brüder und Schwestern, liebe Geschwäger!“ Er schließt die Augen, streicht sich mit Zeige- und Mittelfinger über die Stirn. Eine gekonnte Geste. „Unsere liebe Mutter –“ Seine Stimme droht zu ersticken, er muß neu ansetzen. „Unsere liebe Mutter ist heimgegangen. Gestern haben wir sie zur letzten Ruhe geleitet und dabei in tiefer Dankbarkeit ihrer gedacht.“ Ein Seufzer verhaucht in die Stille. Hannchen? Doch Jodocus spricht schon weiter: „Und nun sind wir hier versammelt, um die Erbschaft einträchtiglich zu klären.“ Schön hat er das gesagt: einträchtiglich! Zustimmung glänzt auf allen Gesichtern. Jawohl, bei Tersteegens streitet man sich nicht um das Erbe. Wir feilschen nicht wie andere, bei uns herrscht Eintracht.

Jodocus nickt den Geschwistern zu. „Wir haben es ja schon in kurzen Vorgesprächen abgeklärt und waren uns rasch einig, so daß es jetzt eigentlich nur noch der schriftlichen Abfassung bedarf, um ... " Johannes hat die Hand erhoben. „Johannes – bitte, was ist? Hast du –" „Wir sind nicht vollzählig, einer fehlt: unser Bruder Gerhard."

Die Worte tropfen in die Stille, in die Stille vor dem Sturm. Und der bricht jetzt los: „Gerhard? Verschone uns mit dem!" „Was haben wir mit Gerhard gemein, diesem Versager?" Jodocus' Stimme dazwischen: „Mit Vorbedacht habe ich ihn nicht eingeladen." Er übertönt sie alle: „Gerhard ist ein Abtrünniger, seit Jahr und Tag hat er keinen Kontakt mehr zu Mutter gehabt." „Und zu uns auch nicht!" „Ein verkommener Hungerleider!" „Eine Schande für die Familie!"

Endlich wird es für einen Augenblick still, da sie alle einmal Luft holen müssen. Und in das Schweigen hinein sagt Johannes: „Aber er ist unser Bruder."

Das ist Öl ins Feuer! Jetzt kreischt sogar Hannchen: „So ein Undankbarer!" Sie ringt die Hände. „Was habe ich nicht alles getan für ihn in den Jahren, die er bei uns in Condition war, ihn versorgt und gepflegt, wenn er krank war. Und wie oft lag er zu Bett! Und doch habe ich ihn –"

Es bleibt den anderen erspart, sich anhören zu müssen, was alles das gute Hannchen für ihren schwächlichen Bruder getan hat, wie sie sich rührend um ihn bemühte, sich geradezu aufopferte. Alle schreien jetzt durcheinander, jeder will den andern überbieten, obwohl sie sich im Grunde alle einig sind: Gerhard gehört nicht mehr zu uns, ist ein Mißratener, ein Halbirrer, ein Ausgestoßener!

Endlich kann sich Jodocus wieder durchsetzen: „Lieber Johannes!" Mitfühlendes Verständnis schwingt in seiner Stimme. „Mein lieber Bruder Johannes, du stehst, wie du einsehen wirst, mit deiner Ansicht allein. Gerhard hat sich, dessen sind wir sicher, selber aus unserer Gemeinschaft ausgeschlossen. Er gehört nicht mehr zu uns."

„Aber –" „Kein Aber mehr!" schreit Matthias. „Es hieße das Erbe verschleudern, gäben wir Gerhard einen Anteil an der

Hinterlassenschaft." Er blickt von einem zum andern. „Ihr hier in Moers wißt ja gar nicht, wie er es bei uns in Mülheim treibt." Neugier glänzt in den Augen, Jodocus leckt sich gar die Lippen. „Jawohl", triumphiert Matthias Brinck, „das Wenige, das Gerhard mit seiner Bandwirkerei verdient, das schleppt er noch zu den Armenhäuslern!"

Sie können es nicht fassen: zu den Armenhäuslern! „So ist es! In Mülheim pfeifen es die Spatzen von den Dächern: Gerhard Tersteegen, der Hungerleider, schleicht bei Nacht und Nebel durch die Gassen und besucht die Faulkranken und Lichtscheuen. Weiß der Himmel, was sie da aushecken –"

Wieder brausen die Wellen der Empörung hoch. Es ist wie einst in Babel: Keiner hört mehr auf den andern, jeder hört nur noch sich selber reden, jeder muß sich Luft machen, seine Wut herausschreien und die andern übertönen.

Erst als der Sturm sich gelegt hat und man endlich darangeht, die Auflassung der Erbschaft zu unterschreiben, stellen sie fest, daß Johannes unbemerkt fortgegangen ist. Keiner sah ihn gehen, jeder war nur mit sich selbst beschäftigt.

So so, Johannes ist gegangen? Nun ja, hielt ja schon immer zu Gerhard –

Eiliger, als sie es vorhatten, haben sie sich verabschiedet, die Gebrüder und Geschwäger der Familie Tersteegen. Als letzte haben Matthias und Johanna Brinck ihre Kutsche bestiegen, die sie nach Mülheim zurückbringen soll. Matthias ist ein sparsamer Mann und rechnet mit spitzem Stift. Darum hat er selber kutschiert, auch dem Hausknecht, der in Moers die Pferde versorgte, nur ein karges Trinkgeld spendiert. Wer den Pfennig nicht ehrt, ist des Talers nicht wert. So einfach ist das. Im kleinen Sparen liegt der große Gewinn.

Warum Hannchen nur so schweigsam ist? Macht es ihr vielleicht doch zu schaffen, daß sie nun auch Johannes verloren hat? Matthias zieht den Gäulen eins über und meint dabei Gerhard. Ein Glück, daß dieser Unglücksrabe wieder aus dem

Hause ist, denkt er. War wirklich dumm von mir, ihn zu uns zu holen, als er krank war. Siehst ja, dem ist nicht zu helfen. Kaum war er aus dem Bett, zog es ihn wieder zurück in sein Armutsquartier. Zu seinen Büchern! Pah! Mag er da jetzt wieder in seinem Nest unter der Dachschräge Bücher wälzen, Gebete leiern und abends mit knurrendem Magen zu seinen Armenhäuslern schleichen!

Und wieder schwirrt die Peitsche. „Los, ihr Faulen! Schlaft nicht ein!“

10

Der Wind stand Gerhard genau ins Gesicht. Er kam in kurzen, aber heftigen Böen, die ihm den Atem nahmen. Wenn nur diese unerträglichen Kopfschmerzen nicht wären! Da hatte er gemeint, sie seien die Folge der dumpfigen Luft, die ihn in seiner Kammer bedrückte, hatte gehofft, hier draußen Erleichterung zu finden, aber nein, die Schmerzen waren eher noch schlimmer geworden. Er zog die Stirn in Falten: Hingen vielleicht alle seine körperlichen Beschwerden mit seiner geistigen Leere zusammen? Dieser Leere, die ihm immer gerade dann bewußt wurde, wenn er meinte, sich im Gebet und in stiller Versenkung gestärkt zu haben? Doch bald danach schon wieder neuer Zweifel, banges Fragen, sorgendes Grübeln!

Weil du immer noch der alte bist, trotz jener Erleuchtung dort im Wald vor Duisburg. Immer noch der alte Sünder, der zuerst an sich selber denkt, der es nicht lassen kann, seine Verdienste herauszustreichen: Sieh nur, Gott, wie ich mich mühe, es dir recht zu machen! Keine Stunde, in der ich nicht an dich denke, kein Tag, an dem ich nicht von Herzen gebetet, kein Abend, an dem ich nicht nach den Kranken geschaut und die Armen mit dem versorgt hätte, was ich mir selber vom Munde abgespart hatte!

Er beißt die Zähne zusammen, daß sie knirschen. Du Narr! Vier, nein schon fünf Jahre plagst du dich damit herum. Fünf endlos lange und dunkle Jahre.

Wach auf, du Träumer! Du Träumer? Ein Lächeln huscht über sein Gesicht. Die kleine Luise aus dem Nachbarhaus: fünf Jahre alt, unterernährt und auch geistig ein wenig zurück, und doch bringt sie, wenn sie einmal heraufgetappt kommt, ein wenig Sonne in die dunkle Kammer.

„Was träumst du denn, Onkel Tersteegen?“ Erstaunt hatte er die Kleine angeschaut, wie sie da unter der Tür stand, ihm beim Bandwirken zusah und sich nun, da er sie anblickte, verlegen das Knie kratzte. „Ich träume? Wie kommst du denn darauf, Luischen?" „Mama hat gesagt, Onkel Tersteegen ist ein lieber Träumer." Soso, hat die Mama gesagt. Ein lieber Träumer. Ein lieber, das war gutgemeint von der Nachbarin. Aber Träumer?

Er hatte stumm den Kopf geschüttelt. Träume ich? Träume ich, wenn ich mir den Kopf zergrübele über den Sinn meines Lebens, über den rechten Weg zum Ziel meiner Pilgerschaft? Träume ich, wenn ich über Gott nachdenke?

Die Kleine hatte – beharrlich, wie Kinder nun einmal sind – auf Antwort bestanden: „Nun sag schon, Onkel Tersteegen, wovon träumst du?" Und er, er hatte fast ärgerlich den Kopf geschüttelt: „Ich träume nicht, Luischen, ich suche!" „Du suchst? Was denn?" Ja, was suchte er? „Das Paradies!" hatte er geflüstert. Das Paradies, dieses Wort mußte die Kleine verstehen, darunter konnte sie sich gewiß etwas vorstellen. Und war es nicht das Paradies, das er suchte? Paradies: Leben ganz nah bei Gott, mit ihm am Abend im Garten Eden spazierengehen. So, wie es bei Adam und Eva gewesen war. Vor dem Sündenfall!

Nachdenklich hatte er die Kleine angesehen: Luischen, du bist noch vor dem Sündenfall. Noch! Doch auch du wirst fallen. Wie wir alle, wie auch ich. Wirst nur noch an dich denken, alles haben, alle anderen beherrschen und Gott dir nutzbar machen wollen.

Und plötzlich, während er das Kind betrachtete, waren ihm altvertraute Sätze in den Sinn gekommen: Denn ich weiß, daß in mir nichts Gutes wohnt. Wollen habe ich wohl, aber vollbringen das Gute finde ich nicht. Denn das Gute, das ich will, das tue ich nicht, sondern das Böse, das ich nicht will, das tue ich. Paulus! Paulus in seinem Brief an die Römer. Sein verzweifelter Ausbruch: meine Verzweiflung!

Und er hatte die Hände, die – ohne daß es ihm bewußt geworden war – noch immer das Schiffchen durch die Ketten schossen, jäh vor das Gesicht geschlagen: „Ich elender Mensch! Wer wird mich erlösen von dem Leibe dieses Todes?"

Als er wieder aufblickte, war der Platz unter der Tür leer gewesen. Ich verstehe dich, Luischen, war ein unerträglicher Anblick für dich, dieser Onkel Tersteegen, wie er da verzweifelt die Hände vors Gesicht schlägt und in seinem Elend aufstöhnt.

Zwei Handwerksburschen kommen ihm entgegen. Der Wind schiebt sie vor sich her, hätte ihnen die schwarzen Schlapphüte längst vom Kopf geweht, wenn sie nicht die Bänder unter dem Kinn zugebunden hätten. Nun kann der Wind nur wütend die breiten Hutkrempen flattern lassen und den Gesellen die weiten Hosen um die Beine schlagen.

Die Burschen lächeln freundlich, tippen an ihre Schlapphüte und bieten ihm die Tageszeit. Die Perlmuttknöpfe an ihren schwarzen Samtwesten blitzen, Silberkettchen klirren leis. Unbeschwerte Gesellen auf der Wanderschaft, sorgen sich nicht wie er, fragen nicht nach dem Ziel der Pilgerschaft, denken nur an das Heute. Klopfen hier an und dort, sagen ihr Sprüchlein, fragen nach Arbeit, danken für freundliche Bewirtung und ziehen weiter. Wohin? Sie fragen nicht nach dem Ziel, haben keins, lassen sich treiben.

Warum kann er, Gerhard Tersteegen, nicht so einfach drauflos marschieren? Warum muß er fragen, sich mühen und suchen? Träumen, wie Luischen sagt, träumen –

„Seht, der Träumer kommt daher!“ Er hat es laut gesagt, verhält den Schritt, erschrocken vor den eigenen Worten. Den eigenen Worten? Nein, Josephs Brüder sagten das, als sie ihn daherkommen sahen, den jungen Mann im bunten Rock. Und sie verkauften Joseph als Sklaven nach Ägypten. Weil er sich in seinen Träumen über sie erhoben hatte! Sie verkauften ihren Bruder.

Gerhard steht da, auf einsamer Landstraße, umweht vom böigen Wind. Gedanken jagen ihm durch den Sinn, rütteln ihn stärker durch als der Sturm, der die Bäume schüttelt. Auch mich haben meine Brüder verkauft, haben das Erbe der Mutter ohne mich verteilt. Weil ich in ihren Augen ein Träumer bin.

Und? Haben sie nicht recht? Bin ich nicht Träumen nachgejagt? Was alles habe ich mir von den Mystikern versprochen! Schließ die Augen und schau tief in dich hinein! Verstopf deine Ohren und lausche in die Gründe deiner Seele hinab! Und du wirst finden, den du suchst: Gott!

Doch wie ich auch suchte und grub, die Welt da draußen aussperrte und mich nur in mich selbst hineinversenkte: Immer fand ich nur mich selbst, immer nur mich selbst. Und das war nichts, war weniger als nichts.

Dein Glück, daß du nur auf dich selbst stießest. Wärst du wirklich auf Ihn getroffen, so wär es mit dir aus gewesen! Denn wer Gott sieht, der muß sterben. Kein Sünder besteht vor dem Ewigheiligen.

Ich aber, ich rang und drängte, mit Beten und mit Flehen: Laß mich sehen dein Angesicht! Neige dich zu mir, komm in mich!

Welch eine Vermessenheit! Gott aus dem Dunkel ans Licht heraus zu fordern! Du hast den Tod verdient.

Und lebst?

Wilde Verzweiflung schüttelt ihn. Fünf Jahre hast du dich geplagt, ihn zu dir herabzuziehen! Höchste Zeit, daß du endlich begreifst: Gnade war es, daß er sich nicht schauen ließ. Du wärst vergangen –

„Ich elender Mensch! Wer wird mich erlösen vom Leibe dieses Todes?" Recht hast du, Paulus, endlich, nach Jahren des Irrens erkenne ich es. Doch du läßt es nicht bei diesem Aufschrei der Verzweiflung, schreibst weiter an die Römer: „Ich danke Gott durch Jesus Christus, unsern Herrn!"

Plötzlich begreift er: Der Tod ist der Vorhang, hinter dem sich Gottes Bild verbirgt. Wie könnte es auch anders sein? Der Sünder stirbt und muß vergehen.

Anders, ganz anders, wenn Gott uns mit den Augen seines

Sohnes Christus anblickt! Dann darfst du leben. Begreifst du endlich? ER hat sich schon längst zu dir gekehrt. Du hast es nur nicht bemerkt, vielleicht nicht merken wollen? Warst ja nur mit dir, deinem eigenen Wollen, Können und Vollbringen beschäftigt. Du, du wolltest Gott packen und an deine Brust ziehen. Deine Ausdauer, deine Glaubensstärke, deine Leidsamkeit, die würden es schon schaffen. Dich wolltest du verwirklichen.

Und darum warst du blind, sahst nicht, wie er sich dir genaht hat: im Stall zu Bethlehem, im Stroh der Krippe. Er: einer wie du! Und dann auf Golgatha! Da hat Gott sich selbst verlassen, so nahe wurde er dir. Erinnerst du dich an die Kreuze auf dem Gipfel der Schädelstätte? Da hängt er zwischen zwei anderen, die es verdient haben. Der eine denkt immer noch nur an sich selbst. Der andere begreift die eigene Schuld - und wo die Rettung ist: „Jesus, gedenke an mich!" Und dieser wird Gott schauen!

Sieh hin, Gerhard! Du bist einer von diesen beiden, fragt sich nur, welcher! Am Kreuz da neben dir darfst du Gott schauen, schon jetzt, schon hier. Und du kannst rufen, schreien: „Jesus, gedenke an mich in deinem Reich!"

Er geht wieder, geht wie ein Träumender. Doch es ist kein Traum mehr, der ihn froh macht, es ist die neue Erfahrung: In Christus und um Christi willen ist Gott mir gut.

In Mülheim, wieder daheim, kniet er nieder. Danke, Gott, die dunklen Jahre sind vorbei. Ich habe dich nicht finden können, aber du hast mich gefunden. In meinem Herrn Jesus Christus.

11 Sind die Gitterstäbe des Käfigs zerbrochen, dann wachsen der Seele Flügel. Der Lerche gleich steigt sie empor, singt jubelnd dort ihr Lied:

Wie bist du mir so innig gut,
mein Hohepriester du!
Wie teu'r und kräftig ist dein Blut,
es setzt mich stets in Ruh.

Wenn mein Gewissen zagen will
vor meiner Sündenschuld,
so macht dein Blut mich wieder still,
setzt mich bei Gott in Huld.

Ich hab vergessen meine Sünd,
als wär sie nicht geschehn.
Du sprichst: Lieg still in mir, mein Kind,
du mußt auf dich nicht sehn.

Zeuch mich in dein versöhnend Herz,
mein Jesu, tief hinein,
laß es in aller Not und Schmerz
mein Schloß und Zuflucht sein!

Alles ist neu geworden, alles. Licht überflutet das Dunkel der letzten fünf Jahre, hell strahlt die Sonne Jesus herein, wärmt und beglückt. Da kann das Herz nicht schweigen, fließt über und gibt weiter, was es so überreich empfangen hat:

Kommt, groß' und kleine Sünder doch,
die ihr mühselig seid,
dies liebe Herz steht offen noch,
das euch von Sünd befreit.

Nein, er braucht nicht mehr in die Einsamkeit zu fliehen, um dort den Ewigen zu suchen, muß sich nicht mehr aller Freude enthalten, Asket und Eremit noch sein. Das alles ist Vergangenheit. Denn wo Jesus ist, da ist die Freude.

Mit weit ausholender Armbewegung fegt er den Tisch frei. Platz da, ich muß schreiben! Tinte? Schwarze, aus Eichengalle hergestellte Tinte? Nicht doch. Was ich zu schreiben habe, verträgt sich nicht mit schwarzer Galle! Mein Herzblut muß her, nun frisch ans Werk!

Und der Gänsekiel kratzt über das grobe Papier, schreibt und kratzt, kratzt und schreibt:

„Meinem Jesus! Ich verschreibe mich dir, meinem einzigen Heiland ... zu deinem völligen und ewigen Eigentum ... "

Buchstabe reiht sich an Buchstabe, Wort an Wort:

„Ich entsage von Herzen allem Recht und aller Macht ... über mich selbst. Von diesem Abend an sei dir mein Herz und ganze Liebe auf ewig zum schuldigen Dank ergeben und aufgeopfert! Von nun an bis in Ewigkeit nicht mein, sondern dein Wille geschehe! Befehle, herrsche und regiere in mir! Ich gebe dir Vollmacht über mich. Dein Geist weiche nicht von mir, und dein Todeskampf unterstütze mich. Ja, amen! Dein Geist versiegle es, was in Einfalt geschrieben dein unwürdiges Eigentum

am Gründonnerstagabend anno 1724

Gerhard Tersteegen."

Türen springen auf, und Herzen öffnen sich. Da ist der Donnerstagabendkreis mit Bruder Wilhelm Hoffmann. Es weht ein neuer Wind an Ruhr und Wupper. Man trifft sich in häuslichen Gebetskreisen, man liest gemeinsam die Bibel. Die Arbeit ist Hoffmann über den Kopf gewachsen, er schafft es nicht mehr. Da kommt ihm Tersteegen gerade recht.

„Ich freue mich mit dir, Gerhard, daß du deinen Weg jetzt gefunden hast." „Ich habe nicht gefunden, Wilhelm, ich wurde gefunden!" Hoffmann nickt ihm lächelnd zu. „Schon gut, ich weiß, du siehst das ein wenig anders als ich. Ich meine, es gehöre auch das Zutun des Menschen dazu –" Er winkt ab. „Was soll's! Hast eben auf deine Weise den Weg gefunden oder – bist halt gefunden worden." Gerhard kann nicht mehr an sich halten: „Gnade war es, nichts als Gnade! Versteh doch: Mit meinem Trotzen hatte ich längst mein Heil verspielt: Ich, ich, immer nur ich!"

Kandidat Hoffmann hat den Kopf gesenkt, sein Gesichtsausdruck ist nicht zu erkennen. Schämt er sich seiner Besserwisserei? Empfindet er vielleicht gar Neid, daß ihm solche Gnade versagt blieb?

Er hebt den Kopf. „Ich segne dich, mein Bruder." Er hat es ganz schlicht und ohne Pathos gesagt, doch Tersteegen fühlt: Dieser Segen kommt aus ehrlichem Herzen. Ihre Hände finden sich. „Willst du mir helfen, Gerhard? Das Feld der Ernte ist zu groß für mich allein, ich kann die Arbeit nicht mehr schaffen." „Du meinst, ich soll –" „Ja, du sollst Seite an Seite mit mir säen und ernten. Willst du?" „Bruder Wilhelm, ich will!"

Doch da war noch ein Graben, den Gerhard, wie Wilhelm Hoffmann erkannte, überspringen mußte: „Du mußt dich aus deiner Vereinsamung lösen, Gerhard! Da ist der Bruder Heinrich, auch so ein Einzelgänger wie du. Wie wär's, wenn ihr euch zusammentätet? Wäre damit nicht euch beiden geholfen?"

Nur zögernd hatte Gerhard den Rat Hoffmanns angenommen, doch schon bald wurde ihm klar, daß mit Heinrich Sommer etwas Neues in sein Leben gekommen war. Da war jetzt einer, mit dem man reden konnte über Dinge, mit denen man sich in fruchtlosen Selbstgesprächen schlichtweg verrannt hatte. Von jetzt an bestand die Möglichkeit, sich in Rede und Gegenrede, in Frage und Antwort auszutauschen und Klarheit zu gewinnen.

Das fing bei ganz belanglosen Dingen an: wenn etwa Tersteegen seinem Gefährten das Bandwirken beibrachte. Handgriffe, über die er nie nachgedacht hatte, verlangten plötzlich nach einer erklärenden Begründung. Alltägliche Verrichtungen in dem kleinen Haushalt wollten abgesprochen sein, der Tagesablauf, der gezielt und wohlbedacht eingeteilt werden mußte: in aller Herrgottsfrühe aus den Federn, rasches Reinigen und karges Frühstück, denn schon um sechs begann die Arbeit. Weben und wirken bis gegen elf. Mittagessen, danach eine stille Stunde für das persönliche Gebet. Und wieder saßen sie am Webstuhl und wirkten ihre Seidenbänder, bis gegen sechs Uhr abends. Und nach dem Abendessen und Gebet, als sei es immer noch nicht genug, setzte Gerhard sich nochmals hin, las und schrieb, schrieb und las.

Da war das Büchlein des Franzosen Jean de Labadie „Manuel de Piété", ein Ratgeber für das bewußt christliche Haus. Gerhard verschlang es, fand er hier doch seine eigene Frömmigkeit bestätigt: Gottselig ist die Seele, die sich ganz Gott öffnet, ihm allein die Ehre erweist und sich ihm ganz hingibt. Hatte nicht auch er sich in gleicher Weise am Gründonnerstagabend 1724 dem Herrn verschrieben?

Und schon war Tersteegen dabei, diese und so nebenbei noch eine andere Schrift de Labadies ins Deutsche zu übersetzen. Was für die deutschen Leser weit bedeutsamer war: Er schrieb zu dem Buch ein Vorwort, in dem er seine eigene Auffassung vom Wesen der Gottseligkeit darstellte.

Überhaupt diese französischen Mystiker: Da gab es doch auch noch Jean de Bernières-Louvigny, den Gerhard ebenfalls als einen Geistesverwandten erkannte. Sein gesamtes Werk war zu umfangreich, aber eine Anthologie, eine „Blütenlese" der Abschnitte, die Tersteegen am wichtigsten schienen, wurde zu Papier gebracht. Und wieder eine Vorrede, die tiefe Einblicke in sein eigenes Erleben bietet, ist sie doch im Grunde eine Schilderung seiner selbst erfahrenen „dunklen" Jahre, wenn er da beschreibt, auf welche Irrwege der sich für bekehrt haltende Mensch geraten kann.

Ausführlich geht er auf die Schwierigkeiten ein, die es dem

auf sich selbst pochenden Menschen so schwermachen, sich für Gott zu öffnen. Sich in das verborgene Leben des Gekreuzigten und Auferstandenen einzubringen, das allein führt – oft unter Leiden und Schmerzen – zu Gott zurück.

Irrwege lauern überall, verlocken oft gerade die, die sich auf dem richtigen Weg wähnen. Schwappt da eben über die nahe Grenze eine Weltanschauung herüber, die sich „Aufklärung" nennt. Gott? Was haben wir mit dem zu schaffen? Falls es ihn überhaupt gibt! Aber die Welt um dich herum, die ist nah. Und du, der Mensch, bist dir selber das Thema. Ein interessantes Thema, weil es halt um dich selbst geht, um dich und deine Art. Dein ist die Vernunft, Mensch. Mach sie zu deinem Gott! Denn sie hat dich zum Menschen gemacht.

12 Was aus Frankreich kommt, muß etwas taugen. Der Hof in Versailles: perfekte Zivilisation, Abglanz aller irdischen Pracht. Die Philosophen der Sorbonne: Wo in den zerrissenen deutschen Landen fände man dergleichen? In Deutschland regiert die Orthodoxie, die lutherische, die reformierte oder die katholische. Sie hat immer recht, ist selber die Wahrheit. Hörst du auf sie, so kannst du nicht irren.

Nur zu gut ist zu verstehen, daß es auch unter den Frommen im Lande so manchen gibt, der gegen die Diktatur der Orthodoxie aufbegehrt und mit dem liebäugelt, was da aus dem Nachbarland kommt und ihm die Freiheit des Geistes verspricht. Sollte es nicht möglich sein, biedere deutsche Rechtgläubigkeit mit der Vernunft zu paaren?

Vernunft macht frei. Greif zu, genieße die Frucht vom Baum der Vernunft! Werde wie Gott!

So oder ähnlich waren die Gedankengänge derer, gegen die sich Tersteegen in seiner Schrift wendet: „Zeugnis der Wahrheit, die da ist nach der Gottseligkeit". Der vielseitig gebildete Tersteegen schwört nicht auf die von der Aufklärung so hochgepriesene Vernunft, er steht ihr äußerst skeptisch gegenüber:

Vernunft will immer wirken viel,
was nutzt ihr magres Bilderspiel?
Gott gibt allein das Wesen.
Was nutzt's, mit Sorgen wirksam sein?
Gott gibt's den Seinen schlafend ein.

Vernunft hat ihre Grenzen. Über das Ewige kann sie allenfalls spekulieren. Gott erfassen? Nie.

Man muß in unsres Gottes Wegen
nicht forschen und nicht überlegen.
Vernunft, sei still und dumm und blind!

Schreiben und Dichten füllen die Stunden des Abends. Nach des langen Tages Last ist der am Stehpult noch immer munter, schreibt und schreibt: Briefe, Übersetzungen, Abhandlungen und Lieder. Viel von dem, was er in diesen Jahren nach 1724 schuf, wurde erst sehr viel später gedruckt wie etwa die Gedichtbände „Geistliches Blumengärtlein" und „Der Frommen Lotterie".

Wie Tersteegen dieses fast unglaubliche Pensum schaffte? Ja, wenn da nicht der Freund Heinrich Sommer gewesen wäre! Der sorgte sich um den Haushalt, der verdiente mit Bandwirken das Allernötigste, der machte Gerhard Tersteegen den Rücken frei.

Und trotzdem, so ging das nicht weiter. Wenn es nur um das Schreiben gegangen wäre. Aber da hatte sich Tersteegen immer stärker in der Fürsorge für die Kranken eingesetzt, war Abend für Abend unterwegs, sie zu besuchen und zu trösten. Und nicht nur das, so manches Medikament stellte er selber her. War er unterwegs, dann hielt er die Augen offen und sammelte, was sich an altbewährten Heilkräutern am Wegesrand fand: Hausmittel, wie sie die Großmütter aller Zeiten kannten, Tinkturen, die manchmal überraschend gut halfen, Tees, die Erleichterung schafften, je nachdem stopften oder abführten, Kräuterpackungen, die Schmerzen linderten.

Nein, er wollte den Ärzten nicht ins Handwerk pfuschen, den Apothekern nicht ihren Verdienst schmälern, er half nur aus, wo das Geld fehlte, Arzt oder Apotheker zu bezahlen. Er half, wo er konnte, und das kostete Zeit und Kraft. Zeit von einem, dem sie ohnehin knapp war, Kraft von einem, der sein Leben lang an Schwäche litt.

Es ging nicht mehr, wurde einfach zuviel, sog ihm die letzte Kraft aus den Adern.

„Du übernimmst dich, Gerhard, bist nur noch ein Schatten." Hoffmann meinte es ernst. „Du mußt die Arbeit als Bandweber aufgeben!" Tersteegen war ratlos: „Wie denn? Was Heinrich Sommer verdient, reicht vielleicht für ihn aus, aber nicht für uns beide. Bitte sag mir: Wovon soll ich leben?" „Einiges werden deine Schriften einbringen. Sie verkaufen sich, wie ich höre, recht gut. Und die Brüder werden sich, wenn ich sie darum bitte, für ihre Verbreitung einsetzen." „Ein unsicheres Geschäft!" gab Gerhard zu bedenken. Er sprach aus, was wohl jeder Autor schon erfahren hat: „Du weißt nie im voraus, ob ein Buch laufen wird. Schon die Römer wußten: Bücher haben so ihre eigenen Schicksale! Eins, das du für gelungen hältst, bleibt unbeachtet und verstaubt in den Regalen der Händler. Ein anderes dagegen, das du als weniger gut erachtest, wird dir aus der Hand gerissen." Er schüttelte den Kopf. „Nein, Wilhelm, auf das, was mir die Bücher einbringen, möchte ich mich nicht verlassen."

Hoffmann hob das Gesicht. „Ich denke, unsere Brüder werden dich nicht hungern lassen." Er überlegte. „Da sind Brüder, die über ansehnliche Vermögen verfügen, ach ja, auch einige Glaubensschwestern, die uns schon oft aus Verlegenheiten halfen." Er erhob sich, schien zu einem Entschluß gekommen zu sein. „Mach dir keine Sorgen: Was werde ich essen, was werde ich trinken, womit werde ich mich kleiden? Sei sicher: Dein himmlischer Vater weiß, daß du all das benötigst." Er legte den Arm um Gerhards Schulter. „Die Brüder und Schwestern brauchen deinen Zuspruch. Hilf ihnen, und es wird dir geholfen werden."

13 „Schlaf nicht ein, Liese!“ Liese spielte mit den Ohren und legte den Kopf schief, als wolle sie ihren Reiter betrachten. Er klopfte ihr den Hals. „Ich weiß, ich weiß: Bist schon siebzehn Jahre und damit ein altes Mädchen. Aber die paar Schritte bis zur Otterbeck wirst du wohl noch schaffen.“ Das Zureden half. Nicht etwa, daß Liese sich in Trab gesetzt hätte, diese Gangart hatte sie sich, seit sie diesen Reiter trug, längst abgewöhnt, da sie bald bemerkt hatte, daß auch er für dieses Gestuckel keinen Sinn hatte. Und zum Galopp hatte er sie noch nie aufgefordert. Wer weiß, ob er sich dann überhaupt hätte im Sattel halten können. Zwischen Liese und Tersteegen ging es also schön gemächlich zu. Und sie verstanden sich gut dabei.

Eine Weggabel und ein Hinweisschild „Velbert“. Und da vorn, da war auch schon die „Pilgerhütte“. Tersteegen ließ den Zügel los, Liese hatte ihn nicht mehr nötig, kannte sich hier aus, fand von allein den Weg zum Stall und wußte, wo die Krippe auf sie wartete: Häcksel mit Hafer, frisches Wasser aus dem Tiefbrunnen dazu. Liese, was willst du mehr?

Hatte nicht eben noch ein Mann vor der Tür gestanden? Jetzt war er weg, wohl ins Haus gelaufen, den Brüdern anzukündigen: „Tersteegen kommt, Tersteegen!“ Und Gerhard malte sich aus, wie sie hochfuhren von ihrer Arbeit, freudig erregt – wirklich? Vielleicht auch erschrocken? War denn in der Pilgerhütte alles in Ordnung? Stimmte alles zwischen den Brüdern? Oder –

Er schwang das rechte Bein über den Pferderücken und sah, daß der Bruder Bäumer herbeigeeilt war. Dankbar nahm er dessen Absteighilfe in Anspruch, achtete aber sorgsam darauf, daß er dem hilfsbereiten Bruder dabei nicht weh tat.

Bruder Fischer sprang herbei: „Wie gut, Bruder Tersteegen, daß du gekommen bist! Nun wird alles wieder gut.“ Auch die anderen kamen jetzt heraus, traten heran, schienen aber, als er sie herzlich begrüßte, ein wenig verlegen. Schweigend folgten sie ihm ins Haus, still saßen sie an dem langen Tisch und warteten, daß er das Gebet zum Abendessen sprach.

Dann klapperten Löffel, die Schüssel schurrte über die aus hellem Lindenholz gefertigte Tischplatte. „Kannst du mal die Suppe –“ „Das Salz bitte?“ „Danke!“ Nur Wortfetzen, kein Gespräch. Und schon gar keine Fröhlichkeit.

Und er? Er tat, als empfände er die Spannung nicht. Er löffelte frohgemut, stellte hier und da eine Frage und nahm es gelassen hin, wenn er nur einsilbige Antworten bekam.

Doch dann, als das Dankgebet gesprochen, das Essen abgeräumt und sie wieder um den Tisch versammelt waren, da gab es keine Ausflucht mehr: „Ihr habt meine Briefe erhalten?“ Sie nickten stumm. „Und? Habt ihr in Demut von Bruder zu Bruder gesprochen und den Streit begraben?“ Sie duckten sich, sahen ihm nicht in die Augen. Da wußte er Bescheid.

Sie hatten erwartet, er werde jetzt losbrechen, sie wegen ihrer Halsstarrigkeit schelten – nichts dergleichen. Er saß und schwieg. Und sein Schweigen tat ihnen weh.

Ahnten sie, welchen Weg seine Gedanken zurückliefen? Wußten sie, was ihn bewegte? Die Pilgerhütte! Anno 1709 hatte Rütger Otterbeck, ein Schmied aus Duisburg, dieses Haus dicht bei dem Dorf Heiligenhaus bauen lassen. Ein paar Jahre hatte er mit seiner ebenfalls unverheirateten Schwester Elspe hier in ländlicher Beschaulichkeit gelebt. Dann hatten die Geschwister Gerhard Tersteegen kennengelernt und sich ihm angeschlossen. Am Ende übernahm Mühlenbeck, ein Verwandter Otterbecks, das Haus und stellte es seinem Freund Tersteegen zur Verfügung: „Es soll hinfort deiner Arbeit dienen. Bau es so um, daß es als ständige Bleibe für deinen Freundeskreis taugt.“

Ein heimlicher Wunsch Tersteegens war damit in Erfüllung gegangen: ein Pilgerhaus, eine Heimstatt für Brüder, die in stiller Gemeinschaft leben wollten, abgeschieden von der Welt, Gott zugekehrt in einem geheiligten Leben.

Acht Bekehrte hatten sich in der „Otterbeck“ zusammengefunden, Männer aus Heiligenhaus und der näheren Umgebung, bereit, in brüderlicher Gemeinschaft zu leben.

Hatte Tersteegen geahnt, welche Schwierigkeiten sich ergeben könnten? Jedenfalls hatte er sich beizeiten hingesetzt und eine Hausregel entworfen, nach der sich das gemeinsame Leben richten sollte. Elf Paragraphen wiesen die Richtung: „Gedenket, daß euer Haus und Herz eine Wohnung Gottes, des Allerhöchsten, sein soll.“ „Betet, wo ihr gehet, stehet oder sitzet.“ Und dann vor allem: „Das sanfte, freundliche Stillschweigen, welches Gott und alle Heiligen so sehr geliebt, lasset euch sonderlich anbefohlen sein.“

Von der gegenseitigen Liebe und Dienstfertigkeit untereinander war dann noch die Rede, und wie man eine Schuld, die man gegen einen Mitbruder begangen hatte, in demütigem Gespräch bereinigen solle. Alles in allem: „Lebt wie unschuldige Kinder, die weniger ihren Verstand befragen, aber viel Herz und Liebe haben.“

Und der Erfolg? Da saßen sie jetzt in stummer Runde und wagten es nicht, ihm in die Augen zu sehen. Und er schwieg noch immer. Wenn er doch nur lospoltern wollte! Das wäre wie ein reinigendes Gewitter gewesen. Da hätte man gewußt, woran man war. Aber so? Er sitzt stumm da, in sich gekehrt und verschlossen. Vielleicht auch ein wenig traurig?

„Ja.“ Alle Köpfe fahren herum. Ein einziges, ein kurzes Wort. Bruder Fischer hat es gesagt. Was ‚Ja‘? Was meint er? Keiner spricht die Frage laut aus, aber Fischer sieht ihre Gesichter, spürt den stummen Aufschrei und erkennt ihre Not.

Und darum nimmt er das Wort, er, der Verantwortliche: „Ja, Bruder Tersteegen, wir haben deine Briefe erhalten.“

Es hat lange gedauert, bis auf Tersteegens Frage endlich diese Antwort kam. Doch nun ist es gesagt, nun ist das Schweigen zu Ende. Man redet wieder miteinander.

Alle sehen jetzt auf Tersteegen. Der nickt Fischer zu, sieht jetzt Bäumer an, dann einen nach dem andern, sie alle.

„So, ihr habt also meine Briefe erhalten. Doch wenn ich euch hier so sehe, eure Verlegenheit, euer Betretensein, dann muß ich schließen: Der Streit unter euch ist noch immer nicht aus der Welt geschafft."

Streit, Streit unter Brüdern. Da hatte er ihnen nun diese Pilgerhütte zur Verfügung gestellt und eine Hausregel für sie verfaßt, nach der sie in Frieden und Eintracht hätten leben können. Zumal sie doch alle „Bekehrte" waren, Menschen, die sich Gott hingegeben hatten und nach seinem Willen leben wollten. Aber nein, Mißtrauen hier und Verdacht da, Neid und kleinliche Mißgunst, spitze Bemerkungen und Sticheleien, die wehtaten. Und nicht nur bei der Arbeit am Webstuhl oder auf den Äckereien, die sie gemeinsam bewirtschafteten, nein, sogar beim Gebet, bis hin in die Bibelstunden.

Hatte Fischer vielleicht zu streng die Zügel angezogen? Er sollte die Bruderschaft leiten, doch besaß er die für ein solches Amt erforderlichen Gaben? Oder brachte nur der Neid auf seine bevorzugte Stellung die anderen gegen ihn und Bäumer auf? Weil diese beiden eine gewisse Freiheit genossen, da sie im Lande herumreisten, um die in der „Otterbeck" erzeugten Waren nutzbringend zu verkaufen?

Tersteegen hatte sich das gemeinsame Leben in der „Otterbeck" als ein Vorbild christlich gelebter Gemeinschaft vorgestellt. Und nun menschelte es auch hier. Und wie!

„Was ist es doch, daß es mit euch nicht weitergeht?" Sie senkten die Köpfe, spürten den Stachel, begriffen ihr Versagen.

Doch er sprach schon weiter: „Woran liegt es denn bei jedem? Sagt mir's doch einfältig!"

Sie gehen in sich, geloben Besserung, nehmen es sich ernsthaft vor, ganz dem Herrn zu dienen. Und sie wissen doch, daß sie wieder versagen werden, eigensinnig beharren und selbstsüchtig trotzen werden. Weil sie – trotz allen Bekehrtseins – noch immer keine Heiligen, sondern Sünder sind.

So mußte Tersteegen die bittere Erfahrung machen, daß auch „Otterbeck" nicht der Himmel auf Erden wurde. Doch er war dankbar, daß es wenigstens eine Pilgerhütte blieb, ein Treffpunkt des Freundeskreises, ein Zuhause für die Brüder nah und fern.

14 Wie die Heiligen hatten sie dort in der Pilgerhütte leben sollen. „Seid so viel in eurem Kämmerlein und in der Gebetsübung als immer möglich, damit ihr nicht mehr sinnliche, sondern endlich einmal recht innige geistliche Menschen werdet." Leben wie die Heiligen: eine überraschende Vorstellung bei einem Mann, der wie Tersteegen in einer reformierten Gemeinde aufgewachsen ist. Die Heiligen als Vorbilder? Das paßt doch eher in die katholische Tradition?

Doch es gibt so viel Unerklärliches in dieser Welt, nicht nur draußen in der Natur, auch im Menschen selber, der ja oft nicht weiß, warum er dies oder das tut. Unerklärlich bleibt es auch, warum sich Tersteegen Jahr um Jahr recht intensiv mit den Heiligen beschäftigte und jede freie Stunde nutzte, alten Heiligentraditionen nachzuspüren. Da führten ihn seine Predigtreisen ins Bergische wie ins Niederrheinische Land, da forderte die „Otterbeck" immer wieder seine Aufmerksamkeit; Kranke riefen nach ihm, verstörte Seelen baten um seinen Rat; da schrieb er Briefe um Briefe, achtete bei seinen Ritten auf Heilpflanzen am Wegrain, sammelte, trocknete und extrahierte, mixte Tinkturen und preßte Pflaster - doch kaum fand sich einmal eine freie Stunde, da saß er schon über seinen Büchern und studierte, was da über das Leben der Heiligen zu finden war. Zu einer wahren Fundgrube wurde für ihn, was der Franzose Peter Poiret an Quellen zusammengetragen oder auch selber veröffentlicht hatte.

Eine umfassende Chronik der Heiligen, das war eine Arbeit, die nicht von heute auf morgen zu schaffen war. Zwanzig Jahre vergingen, bis endlich auch der letzte, der dritte Band der „Auserlesenen Lebensbeschreibungen Heiliger Seelen" vorlag. In drei Bänden hatte Tersteegen die Lebensläufe von fünfundzwanzig Männern und Frauen zusammengestellt, die heiliggesprochen worden waren.

Heiliggesprochen. Dieses Wort besagt alles: Nur ein Papst

kann heiligsprechen. Diese Heiligen sind der Schatz der katholischen Kirche, leuchtende Vorbilder für alle, die nach einem geheiligten Leben trachten.

Und alle fünfundzwanzig Heiligen, deren Leben und Taten Tersteegen beschreibt, sind Frauen und Männer, die vom Papst heiliggesprochen wurden. Die Orthodoxen unter Lutheranern wie Reformierten begehrten auf: Da habt ihr's, Tersteegen ist nicht nur ein verkappter Mystiker, er ist auch ein heimlicher Papist! Er schreibt drei dicke Wälzer über Heilige der katholischen Kirche. Als wenn es nicht auch unter uns Protestanten leuchtende Vorbilder gäbe!

Ein heimlicher Papist! Dieser Vorwurf tat weh.

Nein, solche Angriffe hatte er nicht erwartet. Wie denn? Hatte er nicht schon im Untertitel des ersten Bandes betont, der Leser solle darauf achten, daß auch diese Heiligen allein durch Gott den Herrn gelenkt worden sind? Er, Tersteegen, verleite zur Heiligenverehrung? Beileibe, nein! Nicht den Heiligen, allein Gott gebe er die Ehre!

Er nahm die Vorwürfe ernst, prüfte sich, ob sie zutrafen, und kam am Ende immer wieder zu dem Urteil, daß er nichts Unrechtes getan habe, als er diese Frauen und Männer als Vorbilder hinstellte.

Sagt selbst: Wo finden wir heute noch unter uns Vorbilder eines heiligen Lebens? Wo gibt es Seelen, die bereit sind, die Fleischtöpfe Ägyptens zurückzulassen, den Weg durch die Wüste zu wagen, um im Lande der Verheißung Ruhe zu finden? Wo findet ihr solche Heiligen heute, hier bei uns?

Vorbilder brauchen wir, Leitbilder, die uns zur Nachfolge aufmuntern.

Da saß er und grübelte. Wieder so ein Brief, der ihm vorwarf, allzu große Vorliebe für den Katholizismus zu zeigen. Und es war diesmal ein Bruder, ein wohlmeinender Freund, der fragte, ob diese Lebensbilder der Heiligen nicht doch als eine Werbung für Rom mißverstanden werden könnten.

Nur wenige begriffen, was ihn mit diesen Heiligen verband: Ihre zur Mystik neigende Frömmigkeit, ihr in Selbstverleugnung geführter Lebenswandel und nicht zuletzt ihre Bereitschaft zu leiden.

Sich selbst fand er in ihnen wieder. Mit der heiligen Theresia von Évila und Theresia vom Kinde Jesu erspürt er, was das in Christo ertragene Leiden wert ist. An den Markgrafen von Rety muß er denken, wenn er für seine Kranken Medizinen bereitet. Und hatte nicht auch der von Rety in einem Kontrakt sein Leben dem Herrn verschrieben? Wie Johannes vom Kreuz aber denkt auch Tersteegen zuerst und immer wieder an die ihm anvertrauten Seelen.

Da ist unter den in den „Auserlesenen Lebensbeschreibungen“ geschilderten Heiligen wohl keiner, mit dem sich Tersteegen nicht auf irgendeine Weise verbunden fühlte. Ob Franz von Assisi oder Johann von Cambray, ob Bruder Laurentius oder Lopez: sie alle sind ihm im tiefsten verwandt; Heilige nicht ihrer Taten wegen, Heilige nur, weil Gott sie so führte. Das hat mit Gott zu tun, nicht mit dem Papst in Rom. Und darum läßt Tersteegen sich nicht beirren, sondern arbeitet weiter an seinem literarischen Lebenswerk, um es endlich, nach zwei mit Fleiß und Gebet erfüllten Jahrzehnten, zu vollenden.

15 Schon vor Stunden hat es zu regnen aufgehört, doch der Weg ist noch aufgeweicht. Dreck spritzt beiseite, wenn die Hufe des Pferdes in die Pfützen patschen. Der im Sattel nimmt es nicht wahr, seine Gedanken sind nach innen gekehrt. Wann sonst hätte er noch Zeit, sich zu besinnen? Vorbei sind die stillen Jahre, vorbei auch die Zeit, da es festgelegte Stunden zur inneren Einkehr gab und gemeinsames Beten mit Bruder Sommer.

Beten! Er schüttelt den Kopf. Was sich die Menschen darunter vorstellen! Not lehrt beten, sagen sie. Stimmt nicht, allenfalls lehrt Not betteln: „Herr, gib mir dies und nimm mir jenes! Gib mir Erfolg und Macht, Gesundheit und Glück. Aber Krankheit und Herzeleid, die erspare mir gefälligst!“ Das soll Beten sein? Betteln nenne ich's, schlimmer noch: unverschämtes Fordern und Drängen. Als wenn Gott unser Lakai wäre, der unsere selbstsüchtigen Wünsche zu erfüllen hat. Wenn sie das doch nur begreifen wollten, wenn ich es ihnen endlich klarmachen könnte!

Mit einem Ruck richtet er sich im Sattel hoch. Was beklagst du dich über die andern? Hast du vergessen, wieviel Zeit du selber benötigt hast, um endlich zu begreifen, was Beten ist? Nun also, Gerhard, geh nicht zu streng mit ihnen ins Gericht. Du richtest am Ende nur dich selbst. Hast ja auch heute noch Mühe, recht zu beten, schwebst bei jedem noch so gut gemeinten Gebet in Gefahr, wieder in den alten Fehler zu verfallen: „Herr, segne mein Werk, laß die Versammlung heute abend zu einem Erfolg werden! Dir zur Ehre, selbstverständlich dir zu Ehre, dir und nicht mir!“ So demütig, so fromm kannst du beten, doch du fühlst es sehr wohl, wie sich da unter alle Gottergebenheit dein eigenes Hoffen und Wünschen mengt.

Übe dich, übe dich im rechten Beten, Gerhard! Und das erschöpft sich nicht in Worten, sie mögen noch so gut bedacht, so sorgsam gewählt, so zierlich gesetzt sein. Beten sei ein Reden? Nein, alles Beten fängt mit Schweigen an. Still mußt du werden, nicht reden, sondern hören. Hörend schweigen – das ist das große Geheimnis.

Damals, in der Abgeschiedenheit meiner Kammer, da hatte ich Zeit, still zu werden. Da war ich allein mit mir und meinem sehnlichen Verlangen nach Ihm. Jetzt aber? Und wieder schüttelt er den Kopf. Stunden der Stille? Die habe ich allenfalls hier oben im Sattel, wenn die lammfromme Liese mit mir über verschlammte Wege trabt.

Gute, alte Liese, redest mir nicht drein, willst nichts von mir, bist zufrieden, wenn ich gelegentlich absteige und dir damit Gelegenheit gebe, dich an Kräutern und Gräsern gütlich zu tun.

Wie eben vorhin. Da knabberte sie genüßlich an den jungen, noch zarten Spitzen der Brombeerranken, doch ein kurzer Pfiff genügte; sie warf den Kopf hoch, lauschte herüber, kam und hielt ganz still, damit ich – wenn auch ein wenig mühsam – in den Sattel steigen konnte. Und erst als meine Füße in die Steigbügel gefunden hatten, setzte sie sich gemächlich in Bewegung. Ein geduldiges Tier.

So, Gerhard, nun sei auch du bitte geduldig. Ertrage diesen Zwiespalt: dir Ruhe und Besinnung zu wünschen, aber immer in Unrast unterwegs sein zu müssen. Ständig unterwegs, um der anderen willen. Um der anderen willen, das ist es! Es geht halt nicht um deiner Seele Seligkeit. Tausend andere verlangen nach dir, und Hunderte wollen getröstet sein.

Wie weit noch bis zur Pilgerhütte? Noch eine Stunde etwa. Bitteschön: noch eine Stunde Stille! Nutze sie, du weißt ja, wie. Hast es in langen Jahren gelernt.

Er neigt den Kopf und schließt die Augen. Still wird es in ihm, und nun dringen auch von draußen keine Laute mehr herein. Alles schweigt. Und wenn alles schweigt, dann ist dein Herz offen für den, der allein das Sagen hat. Schweige und fühle. Gott um dich her, an deiner Seite. Nie bist du ohne ihn. Halte still und bete an.

Ich bete an und bleibe stumm.
O ehrfurchtsvolles Schweigen.
Der beste Redner sagt's mir nicht,
was man hier ohne Reden spricht
durch Lieben und durch Beugen.

Ja, Herr, ich spüre: Dies innere Beten ist eine Gabe, dein Geschenk. Du hast dich deiner Welt geneigt in Jesus Christus. Im Kinde hast du dich genaht, hilflos in einer Krippe. Darum will ich wie ein Kind vor dir werden, liegen wie ein Kind an der Mutter Brust, ganz ohne eigene Kraft, ganz auf dich angewiesen, ganz in dir.

Ich bet zwar stets, doch ohne Mund,
es macht der Friedenszug im Grund
die müden Lippen schließen.
Auch weiß ich nichts zu beten mehr,
ich hab's erlangt, was ich begehr,
mein Beten ist Genießen.

Ein erster Sonnenstrahl bricht durch die Wolken, in frischen Farben prahlt der Wald. Kiebitze taumeln wie schwarze Blätter über die Wiesen, in den Erlen am Bachrand ruft ein Kuckuck. Der im Sattel hört und sieht nichts, ist ganz nach innen gekehrt. Bilder steigen aus der Tiefe, Worte fügen sich von selbst:

Nichts haben, als nur Gott in allen,
nichts wollen, als nur ihm gefallen,
nichts können in dir selber mehr,
nichts sein, dies ist die höchste Lehr.

Du wirst klein, wirst wieder Kind, schwach, wehrlos, hilflos. Und ruhst in Gottes Schoß.

16

Irgend etwas weckt ihn aus der Versunkenheit. Ein neuer Klang der Hufe? Er ringt sich hoch und öffnet die Augen, um sie sogleich wieder zu schließen. Dieses Licht! Grell strahlt die Sonne, gießt gleißende Helle auf die feucht glänzende Erde. Hart klingt jetzt der Schlag der Hufe, da hier die Straße mit groben Steinen gepflastert ist. Und da vorn eine der zahlreichen Pilgerhütten, die sich rings im Land aufgetan haben. Schon von weitem sieht er es: Dort warten viele auf ihn, sehr viele.

Gesichter, junge und alte, frohgemute und betrübte. Augen, die auf ihn blicken, voller Erwarten und voll Hoffen. Und er nickt reihum, grüßt sie alle mit seinen hellen, leuchtenden Augen, die sein abgezehrtes Gesicht beherrschen.

Sie helfen ihm aus dem Sattel, leiten das Pferd um die Hausecke auf den Hof, schaffen dem Prediger eine Gasse durch das Gedränge. Sie haben die Fensterläden ausgehängt, auch die Flurtür, damit auch die draußen ihn hören können, die vielen, die keinen Platz mehr im Haus finden konnten und sich nun unter den Fenstern drängen.

Ein Tagelöhner in abgewetztem Rock schleppt Tersteegens Reisesack herein und wuchtet ihn auf den Tisch. Mit ruhiger Hand löst Tersteegen den Riemen und fördert seine Bibel ans Licht.

Es ist still geworden in der übervollen Stube, auch draußen im Flur, sogar auf der Straße, wo sie sich Kopf an Kopf vor die Fenster drängen. So still, daß deutlich das Rascheln zu vernehmen ist, als er in seiner Bibel den Text aufschlägt. Doch als er ihn gefunden hat, beginnt er nicht sogleich mit der Lesung, greift vielmehr nochmals in seinen Reisesack und zieht einen Pack Blätter hervor. Der Geruch frischer Druckerschwärze weht den Nahestehenden ins Gesicht.

„Habe ich euch von Bruder Schmitz in Solingen mitgebracht. Ihr kennt ihn doch, den Buchdrucker?“ Einige nicken, doch Tersteegen spricht schon weiter: „Er hat mir, als ich ihm erzählte, daß ich hier bei euch das Wort ausrichten wolle, rasch noch Sonderblätter gedruckt." „Wieder ein neues Lied?" Er nickt dem Frager zu. „Ein neues Lied." Und während sie die Blätter zum Verteilen weiterreichen: „Wir wollen es zu Beginn unserer Andacht gemeinsam singen!" „Aber die Melodie!" „Die kennt ihr, sie ist die gleiche wie die zu ‚Wunderbarer König'." – „Dem Choral von Neander?" „Ihr wißt Bescheid?" „Natürlich kennen wir Joachim Neander, auch wenn er schon vor bald fünfzig Jahren heimgegangen ist." Sie reden alle zugleich: „Eigentlich hieß er Neumann, hat aber seinen Namen ins Griechische übersetzt." „Mein Vater ist oft zu ihm nach Düsseldorf gepilgert –" „In das nach ihm benannte Neandertal?" „Ja, dort hielt er doch seine Zusammenkünfte."

Tersteegen macht dem Durcheinander ein Ende: „Laßt es genug sein, Freunde! Ihr kennt also seine Lieder –" „‚Himmel, Erde, Luft und Meer' –" Die schon ältliche Frau wird unterbrochen: „Ja, und vor allem ‚Lobe den Herren, den mächtigen König der Ehren'." Tersteegen muß energisch werden: „Schluß jetzt!" Und als der Sturm sich gelegt hat: „Ich habe, wie schon gesagt, die Melodie seines Liedes ‚Wunderbarer König' übernommen. Wir können also, sobald die Blätter verteilt sind –" „Die Blätter reichen nicht aus!" schreit es von draußen. „Wir haben hier noch ein paar", beschwichtigt einer unter der Tür, „geben sie euch hinaus. Ihr müßt – wie wir hier auch – immer zu dritt einsehen, dann geht es schon."

Jetzt scheinen sie alle zufriedengestellt, man kann anstimmen:

Gott ist gegenwärtig. Lasset uns anbeten
und in Ehrfurcht vor ihn treten.
Gott ist in der Mitte. Alles in uns schweige
und sich innigst vor ihm beuge.
Wer ihn kennt, wer ihn nennt,
schlag die Augen nieder;
kommt, ergebt euch wieder.

Es ist nicht ganz leicht, zwischen denen hier drinnen und jenen da draußen das Tempo zu halten. Die draußen hinken etwas nach, doch niemand stört sich daran. Die im Haus warten geduldig, bis auch die auf der Straße zu Ende sind, um dann wieder gemeinsam fortzufahren:

Wir entsagen willig allen Eitelkeiten,
aller Erdenlust und Freuden;
da liegt unser Wille, Seele, Leib und Leben
dir zum Eigentum ergeben.
Du allein sollst es sein,
unser Gott und Herre,
dir gebührt die Ehre.

Sie singen mit Andacht, viele gar mit Inbrunst. Sie fühlen es: In diesen Versen spricht der Bruder Tersteegen zu uns, so empfindet er, so glaubt und verkündet er.

Luft, die alles füllet, drin wir immer schweben,
aller Dinge Grund und Leben.
Meer ohn Grund und Ende, Wunder aller Wunder:
ich senk mich in dich hinunter.
Ich in dir, du in mir,
laß mich ganz verschwinden,
dich nur sehn und finden!

Als der letzte Ton verklungen ist, liegt auf vielen Gesichtern Ergriffenheit. Gott ist gegenwärtig! Vergessen sind drückende Armut und banges Sorgen; vergangen die Angst vor all dem Neuen und Unbekannten, das aus dem Westen her über die Grenze drängt. Dahin ist die Befangenheit gegenüber dem Spott der Philosophen und dem Hochmut der Vernunftanbeter; weit weg sind Kriegsgeschrei und feindliche Besatzung. Wenn Gott gegenwärtig ist, ist alles andere vergangen und dahin.

17 Mit heißen Herzen hören sie, was der da in dem einfachen braunen Gewand verkündet, lassen sich einfangen von seinen Augen, in denen ein heiliges Feuer brennt. Sie starren auf seine Lippen und verschlingen seine Worte.

Die ihn schon kennen, wissen, was ihn bewegt. Aber da sind nicht wenige, die ihn heute zum ersten Mal hören. Sie haben einen Prediger von jener erwecklichen Art erwartet, wie man sie so oft findet: ernst blickende Mahner, die zur Buße rufen, die über menschliche Verworfenheit klagen, das nahe Gottesgericht ankünden und mit dem Jüngsten Tag drohen.

Sie sind verwirrt, dieser doch so stark von Krankheit gezeichnete Mann beklagt nicht, straft und droht nicht. Ihm geht es einzig und allein um Gott. Nicht um einen zürnenden Richtergott, nein, der Gott, dem er sich ergeben hat, ist nahe, ganz nahe, so nah, daß man nicht recht weiß, ob man darüber glücklich oder vielleicht nicht auch erschrocken sein soll. Gott ganz nahe; hörst du? Gott um dich, Gott etwa auch in mir?

Ein verwegener Gedanke: Gott in mir! Verwegen, sogar frech, am Ende gar gotteslästerlich? Gott in diesem nur um sein eigenes liebes Ich kreisenden Menschen? Unvorstellbar, unmöglich!

Und plötzlich, ganz unvermittelt ist die Erkenntnis da: Ich elender Mensch, wie weit bin ich schon von Gott entfernt! Weh mir, ich bin – wenn Gott mir so nahe ist – des Todes.

Hör darum hin, was der Prediger sagt: So nah ist Gott dir gekommen, daß er ein Kind wurde, hilflos, in einer Krippe, auf der Flucht dann nach Ägypten. Siehst du, das ist dein Gott, einer wie du, ein Mensch. Verfolgt, verspottet und verklagt. Ganz wie du. Am Ende unschuldig verurteilt und ans Kreuz geschlagen.

Siehst du nun, wie nah dir Gott ist?

Willst du noch immer zagen und zweifeln? Schweig und

halt still! Laß dich von Gott wie von einer Mutter in die Arme nehmen, werde Kind.

Und nun spricht Tersteegen wieder in Versen. Ist wohl wieder eins seiner Lieder, die ihm so frisch aus seinem Herzen strömen:

Sehet dies Wunder, wie tief sich der Höchste hier beuget;
sehet die Liebe, die endlich als Liebe sich zeiget!
Gott wird ein Kind, träget und hebet die Sünd;
alles anbetet und schweiget.

Gott ist im Fleische: Wer kann dies Geheimnis verstehen?
Hier ist die Pforte des Lebens nun offen zu sehen.
Gehet hinein, eins mit dem Kinde zu sein,
die ihr zum Vater wollt gehen.

Süßer Immanuel, werd auch in mir nun geboren,
komm doch, mein Heiland, denn ohne dich bin ich verloren!
Wohne in mir, mach mich ganz eines mit dir,
der du mich liebend erkoren.

Klingt nach Weihnachten, doch es ist noch viel Zeit bis dahin, da erst gerade die Blätter zu fallen beginnen. Und doch, dieser Tersteegen hat recht: Wo Gott so nahe ist, da ist Weihnachten.

Ein Aufatmen geht durch die Reihen: Welch ein Glück, Gott so nahe zu sein! Immanuel, das heißt: Gott mit uns. Und wir mit ihm. Wir alle in ihm vereint. Und darum seine Gemeinde:

O wie lieb ich, Herr, die Deinen,
die dich suchen, die dich meinen;
o wie köstlich sind sie mir!
Du weißt, wie mich's oft erquicket,
wenn ich Seelen hab erblicket,
die sich ganz ergeben dir.

Ich umfasse, die dir dienen;
ich verein'ge mich mit ihnen,
und vor deinem Angesicht
wünsch ich Zion tausend Segen;
stärke sie in deinen Wegen,
leite sie in deinem Licht.

Die in Kreuz und Leiden leben,
stärke, daß sie ganz ergeben
ihre Seel in deine Hand;
laß sie dadurch werden kleiner
und von allen Schlacken reiner,
ganz und gar in dich gewandt.

Laß die Deinen noch auf Erden
ganz nach deinem Herzen werden;
mache deine Kinder schön,
abgeschieden, klein und stille,
sanft, einfältig, wie dein Wille,
und wie du sie gern willst sehn.

Teuer hast du uns erworben,
da du bist am Kreuz gestorben;
denke, Jesu, wir sind dein.
Halt uns fest, solang wir leben
und in dieser Wüste schweben;
laß uns nimmermehr allein.

Laß uns nimmermehr allein! Er hat es uns zugesagt: „Wo zwei oder drei versammelt sind in meinem Namen, da bin ich mitten unter ihnen.“ Hier sind wir nun in seinem Namen versammelt, hören sein Wort und lauschen, was sein Prediger uns zu sagen hat:

Bis wir einst mit allen Frommen
dort bei dir zusammenkommen
und, von allen Flecken rein,
da vor deinem Throne stehen,
uns in dir, dich in uns sehen,
ewig eins in dir zu sein.

Der Funke springt über, die Flamme glüht. Ein Flächenbrand rast über Tal und Hügel: Erweckung im Bergischen Land! Der Funke, den Kandidat Hoffmann aus sprödem Stein geschlagen, hat gezündet, springt jetzt weiter, von Mülheim hinaus in die Dörfer und einzelnen Höfe. Längst ist die Flamme Hoffmanns schürenden Händen entflohen, hat sich ausgebreitet, so daß er sie nicht mehr überschauen, geschweige denn lenken kann. Daß sie nur nicht zum verheerend dahinbrausenden Wildfeuer wird!

„Gerhard, steh mir zur Seite!" Und Tersteegen, der sich nach Stille sehnt, muß hinaus, das Feuer anfachen und schüren und zugleich so lenken, daß es keinen Schaden anrichtet, daß es Herzen erwärmt, doch niemanden versengt.

Neidlos hat Hoffmann sein Werk in die Hände des so viel Jüngeren gelegt, geleitet ihn mit seiner Fürbitte, diesen schwachen und ständig kränkelnden Tersteegen.

Es ist nichts mehr mit Bandwirken, die neue Aufgabe fordert den ganzen Mann. Tersteegen wirkt von nun an ein Netz, mit dem Gott Menschen fängt. Menschen, die - als Gottes Kinder vereint - den Herrn loben.

18 „Nun mal sachte, Dicker!“ Tersteegen zog den Zügel an, weil den braunen Wallach wieder einmal der Hafer stach. Mit der Liese war es genau umgekehrt gewesen, die hatte man antreiben müssen, damit sie nicht mitten auf der Straße anhielt und im Stehen einschlief. Ein guter alter Zossen war sie gewesen. Gewesen? Nun, noch lebte sie und genoß ihr Gnadenbrot. War ihr zu gönnen, daß sie nach all den Jahren treuer Dienste jetzt da auf den Wiesen an der Ruhr zufrieden vor sich hin döste. Tersteegen hatte sie vor der Abreise nach den Niederlanden noch einmal besucht, ihr den Hals geklopft und ihr ins Ohr geflüstert: „Halte dich wacker, alte Pilgergefährtin!“

Er wußte, sie hätte diese weite Reise nicht mehr überstanden. Es war schon gut, daß jetzt der „Dicke“ den Reiter und das Bündel mit dem Reisegepäck trug. Der Dicke war in der Blüte seiner Jahre, handfest und doch lammfromm, ein Gaul, wie man ihn sich für eine weite und beschwerliche Reise wünschte.

Der Dicke schüttelte den Hals, daß die schwarze Mähne von einer Seite zur andern flog. So, er wollte also unbedingt traben? Mag er! Sein Trab ist federnd und schüttelt einen nicht so durch, wie es bei der stolpernden alten Liese der Fall war.

Tersteegen mußte lächeln: daß seine Gedanken immer wieder dieser ergrauten Mähre nachliefen! Nun ja, das lag wohl daran, daß man so vieles gemeinsam erlebt hatte; jeder auf seine Weise. Liese war mit den Straßen vertraut, wußte, wo man die Freundeskreise traf, und kannte jeden Stall, der auf sie wartete. Sie wußte genau, wo sich ihr Reiter von ihrem breiten Rücken gleiten ließ, Hände schüttelte und Brüdern auf die Schulter klopfte.

Die Liese: Ihren letzten Dienst hatte sie verrichtet, als sie ihn nach Solingen trug. Der trotz seiner Jugend schon so knorrige Messerschleifer Weck hatte ihn dorthin eingeladen, und

Tersteegen hatte die Gelegenheit wahrgenommen, auch gleich den Buchhändler Schmitz zu besuchen. Wenn ich den nicht hätte! schoß es ihm durch den Sinn. Wieviel Planen und Mitdenken hat er mir abgenommen, mir bei der endgültigen Fassung meiner Bücher und Lieder geholfen, sie dann gedruckt und alles getan, sie unter die Leute zu bringen. Ohne seine begleitende Mitarbeit hätte mein „Geistliches Blumengärtlein" noch lange auf die Veröffentlichung warten müssen. Und dann „Der Frommen Lotterie", diese Sammlung von Liedern und Sprüchen: Schmitz - wer sonst - hatte sie mitgelesen, hinterfragt, angeregt und endlich das Manuskript satzreif gemacht.

Was werden die Solinger wohl heute treiben? Ach ja, sie werden sich in der Hausgemeinde treffen, Weck wird ihnen die Bibel auslegen, vielleicht auch Pastor Forstmann? Oder Caspary kommt aus Elberfeld herüber, zusammen mit Kohl. Wie schön, wenn die Brüder so zusammenhalten!

Mülheim, Otterbeck, Barmen, Krefeld und so viele andere Plätze, wo Wilhelm Hoffmann angefangen und Tersteegen das Werk fortgesetzt hat. Und nun - er hob den Blick und schaute voraus - breiteten die Niederlande sich vor ihm aus. Ein bis zum Horizont hin flach ausgewalztes Wiesenland, wie mit dem Lineal gezogene Reihen von Kopfweiden, hier und da die Tupfen von Erlen und Zitterpappeln. Hoch über allem der Gesang von Lerchen und der bullernde Flug der im Sturzflug sich überschlagenden Kiebitze. Weit drüben zieht ein Pflug einen braunen Strich. Der Bauer, der das Gespann antreibt, ist einer vom alten Schlag: langsam, aber stark, bedächtig bei jedem Wort. Tersteegen kennt sie, die vom Niederrhein.

Der Dicke ist in Schritt gefallen, und Tersteegen hat ihn gewähren lassen. Gut so, laß es gemächlich angehen, damit wir die Stille unserer Einsamkeit genießen können. Kommen ja selten genug dazu, müssen immer für die anderen dasein, zuhören, mitdenken, mitleiden, mitsterben. Und trösten, zureden, bei der Hand nehmen und sie zum Herrn führen.

Er klopft dem Gaul den festen Hals. Siehst du, Dicker, so haben wir unseren Packen zu tragen, jeder auf seine Weise: Du trägst mich, und ich schleppe mich mit den mühselig Beladenen ab.

Der Lohn: ihr Dank! Gib es nur zu, Gerhard, sie danken es dir, daß du ihnen zuhörst, ihre Not zu deiner Not machst, mit ihnen betest und ihnen den Weg zum Herrn weist. Viele tausend Freunde hast du dir so erworben, viele tausend Freunde.

Windmühlen dort vorn, eine hinter der anderen. Ein Zeichen, daß wir uns dem Land nähern, das unter dem Meeresspiegel liegt; das überflutet würde, hätte man es nicht eingedeicht. Gescheite Köpfe, diese Mijnheers: Derselbe Wind, der die Sturmfluten gegen das Land peitscht, muß herhalten, die Mühlen anzutreiben, damit sie mit ihren Schöpfrädern das Wasser wieder hinauspumpen, das unter dem Deich durch den Boden dringt.

Hartnäckige Burschen! Wenn sie sich etwas vorgenommen haben, dann lassen sie nicht davon ab, bis sie es endlich erreicht haben. Wie etwa dieser Mijnheer Adriaan Pauw. Zuerst lud er mich ganz bescheiden ein: Freunde hätten ihm über mich berichtet, auf ihre Empfehlung habe er dann mein „Blumengärtlein" gelesen und müsse mich nun unbedingt kennenlernen. Ob ich ihn nicht möglichst bald besuchen könne?

Als wenn ich nichts Besseres zu tun hätte, als die Neugier solcher feinen Herren zu befriedigen! Ja, Mijnheer ist ein Jonkheer, einer vom Adel und gewohnt, daß man seine Wünsche erfüllt. Er ließ nicht locker, als ich seinen Brief nicht beantwortete. Im Gegenteil, er schrieb immer wieder und wurde von einer Einladung zur nächsten immer drängender: Ob ich etwa nicht die Mittel für eine solche Reise hätte! Wenn es so wäre, dann sollte ich mir darum keine Sorgen machen. Er lüde mich ein, übernähme alle Kosten, die für die Reise wie die für den Aufenthalt in Amsterdam.

Und als ich auch darauf schwieg, kam sein Bescheid: Wenn

der Prophet nicht zum Berge komme, dann müsse halt der Berg zum Propheten kommen! Das hieß: Dann müsse sich eben der Ältere – der Jonkheer Adriaan Pauw, Heer van Heemstede en van Rieswijk en Rieswijkoord – auf die Reise nach Mülheim machen!

Das traf, das tat so richtig weh. So weit durfte ich es wirklich nicht kommen lassen. Da blieb nur eins: dem inständigen Drängen dieses Jonkheer Pauw zu folgen und nach Amsterdam zu reiten. Denn schließlich war dieser hartnäckige Bittsteller, wie er ganz nebenbei angemerkt hatte, fünfundzwanzig Jahre älter als ich.

Es war gar nicht so schwierig gewesen, über Jonkheer Pauw nähere Auskunft einzuholen, da es zwischen den Stillen im Lande – von Mülheim bis nach Amsterdam – weitverzweigte Verbindungen gab. Jonkheer Pauw? Ein in den Niederlanden hochgeschätzter Mann! Entstammt einem der ersten Adelsgeschlechter und ist, obwohl es da einige Querelen in der Familie gab, ein sehr wohlhabender Kaufherr. Führt zwar in Amsterdam ein zurückgezogenes Leben in einem für seine Verhältnisse viel zu bescheidenen Hause, aber nur, um dafür um so mehr für die Bekehrten im Lande zu tun.

Tersteegen ging, während der Braune sacht mit ihm dahintrabte, noch einmal die Überlegungen durch, die er angestellt hatte, als er mit seinen Erkundigungen so weit gekommen war: Nach all dem konnte es nicht bloße Neugier sein, die Pauw trieb, so hartnäckig die Bekanntschaft Tersteegens zu suchen. War er ein Verwandter im Geist, ein Bruder im Herrn? Nun, in wenigen Tagen werde ich es wissen, ihm dort in Amsterdam gegenüberstehen. Bin wirklich gespannt, was für ein Mann sich hinter diesem langen Adelstitel verbirgt.

19 Es wurde eine Begegnung, auf die beide dankbar zurückblicken konnten. Schon nach wenigen Worten wußten sie, wie nahe sie sich standen. Da gab es keine unnützen Worte, wie sie sonst üblich sind, wenn man sich zum ersten Mal trifft. Ohne Bedeutung der Unterschied zwischen dem schlichten Bürger und dem Adligen. Belanglos Liegenschaften und Vermögen. Hier trafen sich zwei, die ihr ganzes Sein ihrem Herrn übergeben hatten. Da fielen alle Schranken, die Herzen taten sich auf. Da sah jeder im anderen das Kind Gottes, den Bruder im Herrn.

Zu Tersteegens Überraschung brachte die so lange hinausgeschobene Reise in die Niederlande noch mehr als diese beglückende Freundschaft mit Pauw. Der Jonkheer führte - bei aller äußeren Bescheidenheit - ein gastliches Haus, in dem die Brüder und Schwestern ein und aus gingen.

Da war Maria d'Orville, Sproß einer alten Patrizierfamilie und Erbin eines großen Vermögens, mit dem sie die Armen und Kranken großzügig unterstützte. Und diese im Glauben wurzelnde Freundschaft umschloß bald auch Catharina van Vollenhoven, die Tochter eines Amsterdamer Großkaufmanns, der es im Flachshandel zu ansehnlichem Wohlstand gebracht hatte.

Wie sehr hatte sich Tersteegen nach Menschen gesehnt, mit denen er sich freimütig austauschen konnte, nach Menschen, die ihm im Glauben wie im Verstand ebenbürtig waren, denen er nicht nur geben mußte, sondern von denen er auch empfangen konnte. Hier hatte er nun diesen Kreis gefunden.

Doch neue Freundschaften bringen meist auch neue Probleme. Ein Kapitalproblem im wahren Sinne des Wortes ist das Geld. Und vor dieses Problem sah sich Tersteegen jetzt unverhofft gestellt. Wie oft hatte er mit Wilhelm Hoffmann darüber diskutiert: Darf ich für mein Verkündigen Geld annehmen? Hieße das nicht, das Evangelium zu einer käuflichen Ware erniedrigen?

Und nun kamen da die neugewonnenen Freunde und boten an: Du darfst ganz über unser Vermögen verfügen und es für dich und die Aufgaben, die du siehst, verwenden. Er hatte geschwiegen, ratlos zwischen Freude und Verlegenheit schwankend. Geld annehmen? Das Evangelium verkaufen? So, wie man Seidenbänder verkauft?

Der bloße Gedanke ließ ihn frösteln. Gott zuliebe predige ich, nicht um mich zu bereichern! Doch was hatte darauf Hoffmann damals erwidert? „Du bereicherst dich doch nicht, wenn du annimmst, was du für deinen Lebensunterhalt benötigst!" Und voller Eifer hatte er weiter argumentiert: „Du hast den Beruf, der dein Broterwerb war, aufgegeben, um frei zu sein für deinen Dienst an den Menschen. Seitdem schindet sich Bruder Sommer ab, um mit seiner Bandwirkerei für deinen Lebensunterhalt zu sorgen. Hältst du etwa das für gerecht?"

Das war allerdings ein Argument, über das man gründlich nachdenken sollte. Da trug der Bruder Heinrich Sommer die ganze Last, quälte sich am Webstuhl ab, den gesamten großen Haushalt zu finanzieren. Er sorgte für seine Schwester Sibylle und die Hausgenossen Hermann und Helene, die sich in Krankenbesuchen aufrieben. Und wie stand es um die Armensuppe, die man für die Allerärmsten ausgab? Auch dafür brauchte man Geld.

Und da erwartest du, mein Lieber, daß der Bruder Sommer auch noch für dich sorgt? Nein, da stimmt etwas nicht. Wilhelm Hoffmann hatte recht mit seinem Hinweis, daß auch die Apostel Gaben angenommen haben. Wovon hätte Paulus sonst leben sollen? Seinen Beruf als Teppichweber und Zeltmacher hatte er doch aufgegeben, um in Asien das Evangelium zu verkündigen. Und zum Schluß hatte Hoffmann, dieser Pfiffikus, noch ein Zitat aus dem Gesetz des Mose gebracht: Du sollst dem Ochsen, der da drischt, nicht das Maul verbinden! Und Hoffmann hatte dazu spitzbübisch gelächelt: „Siehst du,

Gerhard, sogar der Ochse erhält seinen Lohn. Und du, mein Lieber, bist doch – trotz all deiner Bescheidenheit – etwas mehr als ein Ochse!“

Also nimmt er an, was die Brüder ihm unterwegs bieten. Und sie hatten ihn in ihre Häuser eingeladen, hatten ihn freundlich bewirtet und ihm ab und an auch ein paar Taler zugesteckt. „Zehrgeld für unterwegs!“ Ein paar Taler, mehr nicht! Und auch die hatte er nur von wirklich vertrauten Brüdern angenommen.

Jetzt aber ging es um mehr. „Zehntausend Taler?“ Er meinte, sich verhört zu haben. Zehntausend Taler? „Zehntausend Taler!“ nickte Adriaan. „Ich habe sie gerade frei und wüßte keine bessere Verwendung für sie als in deinen Händen.“

Zornig hatte Tersteegen das Angebot abgelehnt, fast wäre es zum Bruch der Freundschaft gekommen. Zehntausend Taler! Wollte Pauw ihn etwa auf die Probe stellen, sehen, ob seine Selbstlosigkeit einer solchen Versuchung standhielt? Lange hatte er Pauw in die Augen gesehen, und sein Mißtrauen war dahingeschmolzen, da er erkannte: Pauw hat keine Hintergedanken, meint es mit seinem Angebot ehrlich und traut es dir zu, auch über eine solche Summe treu und selbstlos zu verfügen.

Und trotzdem, es geht nicht! Es geht wirklich nicht. Um der Schwachen willen. Was werden sie lästern, wenn es sich herumspricht? Habt ihr's gehört? Tersteegen hat zehntausend Taler angenommen! Prediger müßte man sein, he?

Schlimmer noch: Meinen Namen werden sie nennen, Christus aber damit meinen! Nach der alten Weise: Wie der Herr, so das Gescherr! Liebe predigt Tersteegen, aber Geld meint er! Liebe verkündet Jesus, in Wirklichkeit aber –

Hat Adriaan Pauw Tränen in den Augen? Ist er gekränkt, weil ich mich so hartnäckig weigere, das Geld anzunehmen? Bitte versteh mich doch, Bruder Pauw! Ich bin über dein Angebot nicht beleidigt, spiele dir auch keine falsche Bescheidenheit vor. Begreife doch, die Feinde des Herrn werden jubeln, wenn sie hören, daß ich einen solchen Betrag von dir angenommen habe. Einen Heuchler werden sie mich nennen, einen Scheinheiligen, der es im Grunde nur auf Geld abgesehen hat.

Tersteegen weiß nicht, ob Pauw ihn wirklich verstanden hat. Immerhin, Pauw lenkte ein und sprach nicht mehr von diesem Spendenangebot. Und wenn er ihm hin und wieder Geld zukommen ließ, dann nahm Tersteegen es mit Dank an. Er wußte immer einen, der es nötig hatte und dem er es weitergeben konnte.

Und nun flattert ihm – es ist kaum zu glauben – das Angebot eines ungenannten Gönners auf den Tisch über – sage und schreibe: – 40 000 Taler. Zur freien Verfügung! Von einer Gönnerin oder gar mehreren wird gemunkelt. Ob vielleicht Maria d'Orville dahintersteckt? Oder auch Catharina van Vollenhoven? Egal, eine solche Summe geht weit über Bitten und Begehr. Also: Annahme verweigert!

Über kleinere Gaben – als Zeichen brüderlicher Verbundenheit – läßt er mit sich reden. Es warten ja so viele Arme und Kranke darauf, daß er ihnen hilft. Und wer wollte es ihm verübeln, daß er sich über kleine Aufmerksamkeiten freut, die ihm persönlich zugedacht sind.

Der Regen freundschaftlicher Geschenke läßt auch nicht nach, als er wieder daheim ist. Unzählige Briefe gehen hin und her. Was er zu geben hat, Trost und Zuspruch eines mitfühlenden Herzens, wird auch in den Niederlanden dankbar angenommen. Und man revanchiert sich mit Köstlichkeiten, wie Holland sie für den Magen zu bieten hat: einen Korb mit spanischem Rotspon aus einem Amsterdamer Keller, ein saftig gepökelter Schinken aus Rotterdam oder ein Riesenkäse aus Leerdam. Da sitzt er nun und schreibt Dankbriefe: „Ich bin herzlich dankbar für die herrlichen Gaben der Liebe, womit dieselben gegeben wurden. Es werde alles, gleich mir selbst, dem Herrn wieder zu seinem Dienst und Wohlgefallen geopfert."

Die unzähligen Zeichen herzlicher Verbundenheit ließen ihn vergessen, daß ihm in den Niederlanden auch Feindschaft und sogar Haß begegnet sind. Da zieh ihn ein Utrechter Hochschullehrer des ketzerischen Pantheismus, ein Vorwurf, der - wie Tersteegen bald bemerkte - auf einem Druckfehler beruhte, der sich bei einem Nachdruck seines Liedes „Gott ist gegenwärtig" eingeschlichen hatte. Noch heftiger griff ihn Gerardus Kulenkamp an, der behauptete, Tersteegens Gott sei ein anderer als der Gott der Bibel.

Tersteegen tat das Klügste, er nahm mit keiner Zeile Stellung zu diesen unsachlichen und boshaften Vorwürfen. Doch sie haben ihm weh getan, wie wir es noch in Briefen lesen können, die er Jahre später an seinen Neffen Matthias Jorissen schrieb.

Aber selbst solche Verleumdungen konnten die herzliche Verbundenheit mit den Brüdern und Schwestern in den Niederlanden nicht trüben. Jenem ersten Besuch folgten bald regelmäßige Reisen, und der Briefwechsel riß nie ab.

Es waren unruhige Jahre, angefüllt mit Besuchen auch in den deutschen Landen. Die Erweckungsbewegung war weit über das Bergische Land hinausgewachsen, in die Grafschaft Wittgenstein, nach Frankfurt mitsamt der Wetterau, bis hinauf nach Mannheim und Heidelberg. Überall gab es Freunde, die seinen Rat erbaten, überall regte sich - in oft noch kleinen Zirkeln - ein inniges Glaubensleben.

20 Niemand soll meinen, das Reich Gottes sei schon hier auf Erden zu verwirklichen. Noch leben wir in einer Welt, die dem Tode unterworfen ist, unter Menschen, deren Gott der Bauch ist und die überheblich auf ihr eigenes Können bauen. Menschen wie wir. Tersteegen gab sich keiner Täuschung hin. Er wußte nur zu gut, wie sehr wir auf unser eigenes Wohlergehen bedacht sind. Und darum wurde er nicht müde, zur Umkehr zu rufen und in Predigten wie Liedern zu mahnen:

Gott rufet noch. Sollt ich nicht endlich hören?
Wie laß ich mich bezaubern und betören!
Die kurze Freud, die kurze Zeit vergeht,
und meine Seel noch so gefährlich steht.

Er reihte sich ein in die Menge der Sünder, ging mit ihnen und flehte unermüdlich:

Gott rufet noch. Sollt ich nicht endlich kommen?
Ich hab so lang die treue Stimm vernommen.
Ich wußt es wohl: ich war nicht, wie ich sollt.
Er winkte mir, ich habe nicht gewollt.

Gott rufet noch. Ob ich mein Ohr verstopfet,
er stehet noch an meiner Tür und klopfet.
Er ist bereit, daß er mich noch empfang.
Er wartet noch auf mich; wer weiß, wie lang?

Gib dich, mein Herz, gib dich nun ganz gefangen.
Wo willst du Trost, wo willst du Ruh erlangen?
Laß los, laß los; brich alle Band entzwei!
Dein Geist wird sonst in Ewigkeit nicht frei.

Ich folge Gott, ich will ihm ganz genügen.
Die Gnade soll im Herzen endlich siegen.
Ich gebe mich; Gott soll hinfort allein
und unbedingt mein Herr und Meister sein.

Ein Ruf, der an die Herzen rührte. Ein Ruf, der so manchen aufrüttelte. Und doch – wie könnte es anders sein? – ein Ruf, der auch auf taube Ohren traf. Da darf der Rufer in der Wüste nicht verstummen. Schon zu viele gaben auf, weil sie nicht den Mut hatten, den Weg des Glaubens weiterzugehen. Da ist der Bruder gefordert, der zupackt und aufrichtet, wenn einer zu fallen droht.

Bilder der Bibel steigen auf: Die Wüste Sinai, ein Volk, das murrt und zurück will zu den Fleischtöpfen Ägyptens. Verzagte, die sich aufgeben, und Schwache, die sich fallen lassen. Und das, obgleich Gott doch so nahe ist, gegenwärtig in der Rauchwolke des Tages und in der Feuersäule bei Nacht. Vierzig Jahre waren sie Pilger in der Wüste, unterwegs zu einem Ziel, das sie nicht kannten, das Er ihnen aber verheißen hatte. Und wir? Sind nicht auch wir Pilger in der Wüste? Wanderer auf ungeahnten Pfaden, aber Pilger mit einem Ziel?

Und darum nicht verzagen! Weiter, ihr Brüder! Voran, ihr Schwestern!

Kommt, Kinder, laßt uns gehen,
der Abend kommt herbei;
es ist gefährlich stehen
in dieser Wüstenei.
Kommt, stärket euren Mut,
zur Ewigkeit zu wandern
von einer Kraft zur andern,
es ist das Ende gut.

Es soll uns nicht gereuen
der schmale Pilgerpfad;
wir kennen ja den Treuen,
der uns gerufen hat.
Kommt, folgt und trauet dem;
ein jeder sein Gesichte
mit ganzer Wendung richte
fest nach Jerusalem.

Man muß wie Pilger wandeln,
frei, bloß und wahrlich leer;
Viel sammeln, halten, handeln
macht unsern Gang nur schwer.
Wer will, der trag sich tot;
wir reisen abgeschieden,
mit wenigem zufrieden;
wir brauchen's nur zur Not.

Kommt, Kinder, laßt uns gehen,
der Vater gehet mit;
er selbst will bei uns stehen
bei jedem sauren Tritt;
er will uns machen Mut,
mit süßen Sonnenblicken
uns locken und erquicken;
ach ja, wir haben's gut!

Kommt, Kinder, laßt uns wandern,
wir gehen Hand in Hand;
eins freuet sich am andern
in diesem wilden Land.
Kommt, laßt uns kindlich sein,
uns auf dem Weg nicht streiten;
die Engel selbst begleiten
als Brüder unsre Reihn.

Sollt wo ein Schwacher fallen,
so greif der Stärkre zu;
man trag, man helfe allen,
man pflanze Lieb und Ruh.
Kommt, bindet fester an;
ein jeder sei der Kleinste,
doch auch wohl gern der Reinste
auf unsrer Liebesbahn.

Drauf wollen wir's denn wagen,
es ist wohl wagenswert,
und gründlich dem absagen,
was aufhält und beschwert.
Welt, du bist uns zu klein;
wir gehn durch Jesu Leiten
hin in die Ewigkeiten:
es soll nur Jesus sein!

Ahnte Tersteegen, daß ein neues Stück Wüste vor ihnen lag? Ein Wegstück mit verschütteten Brunnen, voller Steine und Sanddünen? Ahnte er, daß zehn dürre Jahre bevorstanden, in denen manches Band zerriß und so manche Hand losließ?

21

Der stattliche Herr, der – die Hände auf dem Rücken verschränkt – mit federnden Schritten die Stube durchmaß, schien unentschlossen. Jetzt war er am Fenster angekommen, machte mit einer raschen Wendung kehrt und kam zurück. Mit einem Ruck blieb er vor den beiden Männern stehen, die gespannt zu ihm aufsahen.

„So, ihr meint also, ich solle hier in Solingen ein paar Tage Aufenthalt einschieben?" „Wir bitten ganz herzlich darum." Und um der Bitte Nachdruck zu verleihen, setzte der andere hinzu: „Im Namen vieler Brüder, Graf."

„Man erwartet mich aber in Holland! In allen Freundeskreisen haben sie es bekannt gemacht: Graf zu Castell kommt und wird uns die Schrift auslegen!" „Ich bitte, Graf, ein paar Wochen werden die Brüder und Schwestern wohl warten können. Oder war schon ein fester Termin abgemacht?" „Das nicht, doch war immerhin vom September die Rede." Der Graf blinzelte seinem Gegenüber zu. „Und man muß doch, Herr Pastor, sein Wort halten?" „Gewiß, Graf. Aber wir könnten die Freunde in Holland in einem Brief bitten, sich noch ein wenig zu gedulden, da auch wir hier in Solingen –" Der Graf gab zu Bedenken: „Wenn's nicht gar so lange dauerte mit der Post!" „Gestatten Sie, Graf", fiel der zweite Besucher ein, „bei mir steht eine Kollektion Bücher zum Versand nach Holland bereit. Mein Kommissär geht morgen früh damit auf die Reise. Er könnte den Brief –" „Ausgezeichnet, Bruder Schmitz! Das wäre die Lösung."

Dem Grafen fiel etwas ein: „Befindet sich in der Kollektion auch Neues von unserem Freund Tersteegen?" „Einige Dutzend Exemplare der neuen Auflage des Blumengärtleins." „Schau an, eine Neuauflage! Bietet sie außer den bekannten auch neue Lieder?" „Lieder und Sprüche! Ich werde Ihnen –" Der Graf winkte ab: „Gut, gut! Morgen oder übermorgen will ich mir das ansehen, heute aber –"

Pastor Forstmann hob die Hände: „Übermorgen sagen Sie?

Sie bleiben also bei uns?“ Der Graf spielte den Überwundenen: „Ja, ja und nochmals ja! Ich bleibe also. Und darum hat es mit dem Lesen der neuen Auflage Zeit bis morgen. Heute aber muß ich noch den Brief an die Brüder in den Niederlanden schreiben.“

Pastor Forstmann und Buchhändler Schmitz verbeugten sich. „Dann wollen wir den Grafen nicht länger stören“, sagte der Pastor, und Schmitz versprach: „Ich schicke den Kommissär, der morgen mit den Büchern nach Holland reist, noch heute abend her. Ich denke, es ist das beste, wenn er unmittelbar aus Ihrem Mund seine Instruktionen erhält.“

Graf Ludwig Friedrich zu Castell am Main – so lautete sein voller Titel – brauchte seine Entscheidung wahrhaftig nicht zu bereuen, lohnte es sich doch, daß er seine Reise in Solingen unterbrochen hatte. Vier Zusammenkünfte leitete er allein im Hause des Pastors Forstmann, wo die Brüder und Schwestern in hellen Scharen zusammenströmten.

Und dann erschien eine Abordnung aus Elberfeld: „Kommen Sie bitte auch zu uns, Graf!“ Er folgte dem Ruf in die Nachbarstadt, wurde von Caspary herzlich aufgenommen und traf dort einen Zuhörerkreis, der sich von Tag zu Tag vergrößerte. Bald war der Zulauf so stark, daß er Aufsehen erregte. Am Ende erstatteten ein paar Mißtrauische Anzeige: Da seien Sektierer am Werk, womöglich gar gefährliche Schwärmer.

Die Behörden reagierten empfindlich, weil es ein paar Jahre zuvor viel Ärger mit schwärmerischen Sektierern gegeben hatte. Es war dabei zu schweren Ausschreitungen, ja sogar zu Plünderungen gekommen. Damit sich derartiges nicht wiederholte, meinte man scharf durchgreifen zu müssen. Also erging die Weisung, den Grafen samt seinen drei Dienern und seinem Gastgeber Caspary zu verhaften.

Einmal keinen abgerissenen Vagabunden, sondern einen richtigen Grafen verhaften zu dürfen, das war etwas für den Büttel und seine Gehilfen! Wie schön konnte er am Abend in der Schenke herumprahlen: „Denkt ihr etwa, der feine Herr hätte mir mit seinem hochtrabenden Namen imponieren können?“ Der Stadtbüttel sah sich mit Feldherrnblick um. „Die Diener überließ ich natürlich meinen Leuten.“ Er schnippte mit den Fingerspitzen. „Die machten nicht viel Federlesens. Ich aber nahm mir den hohen Herrn vor.“ Er spielte ihnen die Szene – so wie er sie sah – genüßlich vor. „Äh, ist Er der Graf Castell?“ Wie sie ihn anstaunten! „Jawoll, ich habe nicht gekatzbuckelt und diesen –“, er ließ sich den langen Titel auf der Zunge zergehen, „– diesen Grafen Ludwig Friedrich zu Castell Mainz etwa mit Hochwohlgeboren angeredet.“ Seine Faust donnerte auf den Tisch, daß die Gläser klirrten. „Er habe ich gesagt, jawoll: Er!“ Ein kräftiger Zug aus dem Glas, und dann: „Und er hat's geschluckt!“

Der Vertreter der städtischen Gewalt konnte sich jedoch nicht lange seiner Heldentat rühmen, da der Graf und seine Gefährten gar bald wieder auf freien Fuß gesetzt werden mußten. Aber der zuständige Richter legte die bestehenden Gesetze nach diesem Zwischenfall enger aus, als das bisher üblich gewesen war. Er beschied, daß derartige Zusammenkünfte in Privathäusern den geltenden Gesetzen widersprächen, da nur die Gottesdienste der drei offiziell anerkannten Religionsgemeinschaften zulässig seien, nämlich die der reformierten, der lutherischen und der katholischen Kirche.

Das Ergebnis war, daß die Regierung in Düsseldorf am 28. Juni 1740 eine Generalverordnung erließ, das „Konventikelverbot“, nach dem alle Zusammenkünfte in Privathäusern bei Strafe verboten wurden. Es wurde still um die Stillen im Lande.

22 Es war stickig und heiß in der Krankenstube. Schatten bewegten sich im Halbdunkel, hin und wieder ließ sich ein Flüstern vernehmen. Sonst war es so still, daß man die Atemzüge des Kranken hören konnte. „Ich fürchte, es geht heute mit ihm zu Ende", flüsterte Heinrich Sommer. „Du fürchtest?" Sommer konnte nicht sehen, daß Tersteegen die Brauen ärgerlich zusammenzog, doch er erkannte am Ton, daß der Freund verstimmt war, und er beeilte sich darum zu erklären: „Du weißt doch, Bruder Gerhard, daß ich den Tod nicht fürchte, weder den eigenen noch den unseres lieben Bruders Hoffmann, aber –"

Er mochte im Eifer wohl lauter als beabsichtigt gesprochen haben, denn vom Krankenbett kam schwach und trotzdem ausdrucksstark Wilhelm Hoffmanns Stimme: „Recht so, Bruder Heinrich! Wir brauchen den Tod nicht zu fürchten, im Gegenteil: Er macht die Seele frei von den Ketten dieser Welt. Übergang ist der Tod", seine Stimme verklang, „bringt uns näher zu Gott –"

Ein Stöhnen. Tersteegen sprang auf, stützte Hoffmann im Kissen, während Sommer die Bettdecke zurückschlug und den Verband an Hoffmanns Bein löste. „Die Wunde ist schon wieder größer geworden", flüsterte er. „Sieh nur, jetzt reicht nicht einmal ein ganzer Bogen Papier, sie zu bedecken." Kopfschüttelnd machte er sich an die Arbeit, die schwärende Wunde des offenen Beines neu zu verbinden. Papier raschelte, und der Duft von Kamillenblüte stieg auf. Wilhelm Hoffmann stöhnte nicht mehr.

Nachdem Hoffmann versorgt war, ließen sich Tersteegen und Sommer wieder nieder. Tersteegen hatte seinen Stuhl so dicht an das Bett gerückt, daß er Hoffmanns Hand halten konnte. Jetzt bewegte der Kranke die Lippen, und Tersteegen neigte sich vor, um besser verstehen zu können.

„Bruder Gerhard, willst du mir wohl dein neues Lied hersagen?" „Welches meinst du? Ich habe ja, wie du weißt, in letzter

Zeit mehrere verfaßt." „Ach, sag sie mir alle her, mich zu trösten." Er drückte Tersteegens Hand. „Du empfindest wie ich, bist mein Sohn im Geist all die Jahre schon. Bitte, sag mir deine Lieder her, mein Herz verlangt danach!"

Tersteegen neigte sich noch weiter vor, bis sein Mund so dicht am Ohr des Freundes war, daß er ganz verhalten sprechen konnte.

Nun schläfet man;
und wer nicht schlafen kann,
der bete mit mir an
den großen Namen,
dem Tag und Nacht
wird von der Himmelswacht
Preis, Lob und Ehr gebracht:
o Jesu, Amen.

Der Atem Hoffmanns ging ruhiger. Erst als neuer Schmerz ihn ansprang, stöhnte er auf. Tersteegen flüsterte:

Es leuchte dir
der Himmelslichter Zier;
ich sei dein Sternlein, hier
und dort zu funkeln.
Nun kehr ich ein,
Herr, rede du allein
beim tiefsten Stillesein
zu mir im Dunkeln.

„Bald, bald!" Es war nur ein Hauchen. „Er redet zu mir, er allein, im Dunkeln." Hoffmanns Hand ließ Tersteegen los, wies nach oben. „Wie wird er erst zu mir reden im Licht!"

Lange blieb es still. „Ich danke dir, Bruder Gerhard", kam leise Hoffmanns Stimme. „Hast mich gepflegt, wie ein Sohn den Vater pflegt." „Du bist mir ja wie ein Vater!" „Ich weiß, ich weiß, mein Sohn im Geist." Seine Hand suchte wieder die Tersteegens. „Du, da war doch noch ein Choral, den du vor kurzem zu Papier gebracht hast?" Tersteegen wußte, welchen er meinte, und sagte ihn her:

Nun sich der Tag geendet,
mein Herz zu dir sich wendet
und danket inniglich;
dein holdes Angesichte
zum Segen auf mich richte,
erleuchte und entzünde mich.

Die Zeit ist wie verschenket,
drin man nicht dein gedenket,
da hat man's nirgend gut;
weil du uns Herz und Leben
allein für dich gegeben,
das Herz allein in dir auch ruht.

Ich schließe mich aufs neue
in deine Vatertreue
und Schutz und Herze ein;
der Finsternis Geschäfte
und alle bösen Kräfte
vertreibe durch dein Nahesein.

Daß du mich stets umgibest,
daß du mich herzlich liebest
und rufst zu dir hinein,
daß du vergnügst alleine
so wesentlich, so reine,
laß früh und spät mir wichtig sein.

Tersteegen brach ab, da sich Sommer erhoben hatte, um den Verband, der die offene Beinwunde bedeckte, wiederum zu erneuern. Er sah, daß Hoffmann sich mit aller Kraft bemühte, den Schmerz niederzukämpfen, den ihm das Abnehmen des Verbandes verursachte, und suchte ihn zu trösten: „Du verstehst, Wilhelm, daß wir schon wieder den Verband wechseln; Heinrich trägt jetzt die Salbe auf, die ich aus altbewährten Heilkräutern bereitet habe. Ich hoffe zuversichtlich, daß sie bald wirkt und deine Schmerzen lindert."

„Danke, Gerhard, danke!" flüsterte Hoffmann. „Den Schmerz mag sie, wie du sagst, lindern, aber heilen kann sie mich nicht." Er rang sich ein Lächeln ab. „Gegen den Tod ist kein Kräutlein gewachsen." Tersteegen drückte des Freundes Hand: „Doch, es gibt ein Kräutlein wider den Tod: die Rosen, die aus Jesu Wunden blühen!" „Wahr ist das, Bruder Gerhard. Ich danke dir, nun kann ich getröstet die letzten Atemzüge tun." „Geh mutig uns voran, Bruder Wilhelm. Wir folgen dir, wenn der Herr uns ruft." Seine Stimme sang wie ein Vogel in sinkender Nacht:

Ein Tag, der sagt dem andern,
mein Leben sei ein Wandern
zur großen Ewigkeit.
O Ewigkeit, so schöne,
mein Herz an dich gewöhne,
mein Heim ist nicht in dieser Zeit.

Er lauschte, ob die Atemzüge des Freundes ruhiger gingen, doch da war nichts, kein Hauch, kein noch so leises Wehen. Da war nur Stille.

Tersteegen erhob sich, sah Heinrich Hoffmann an. Der verstand, trat zum Fenster und zog die Vorhänge beiseite. Licht brach herein. Die weit offenen Augen Wilhelm Hoffmanns nahmen es nicht mehr wahr. Sie sahen ein anderes Licht.

Still trat Tersteegen zu dem väterlichen Freund, beugte sich zu ihm nieder und schloß ihm mit zarter Hand die Augen.

23 „Du hast den Freunden weit und breit mitgeteilt, daß Bruder Hoffmann heimgegangen ist. Warum hast du ihnen nicht zugleich auch die Stunde seiner Beerdigung bekanntgegeben?“ „Du weißt doch, Heinrich, wie argwöhnisch die Behörden uns seit der Verschärfung des Konventikelverbotes beobachten. Ich fürchte, weitere und noch schärfere Einschränkungen könnten erfolgen, wenn eine unabsehbare Menschenmenge Bruder Hoffmanns Sarg zum Grabe begleitete.“ „Die Beisetzung soll also in aller Stille erfolgen?“ „Nein, ich habe vor, die Brüder und Schwestern, die in der Nähe wohnen, wenige Stunden zuvor zu benachrichtigen. Du warst ja zugegen, als Bruder Wilhelm mich bat, die Trauerfeier hier in seinem Hause zu halten. Er wußte, daß hier nur eine begrenzte Zahl Getreuer Platz fände. Wir erfüllen seinen Wunsch, wenn wir nur den engsten Freundeskreis benachrichtigen.“

„Hast du dir schon Gedanken gemacht, über welchen Bibeltext du predigen willst?“ „Judas, Vers 20 und 21.“ Sommer schien unsicher: „Zwei Verse aus dem Judasbrief? Warum wählst du einen so unbekannten Text? Selbst von unseren bibelfesten Freunden werden nur wenige diesen Brief kennen.“ Für einen Augenblick schien es, als zuckten Tersteegens Mundwinkel. „Dir, mein lieber Heinrich, sind natürlich die beiden Verse bekannt.“ Er sah, wie sich Heinrichs Ohren rot färbten, und sprach, um den Freund nicht in Verlegenheit zu bringen, rasch weiter: „Ihr aber, Geliebte, erbaut euch auf euren heiligsten Glauben, betet in heiligem Geiste und bewahret euch so in der Liebe Gottes und wartet auf die Barmherzigkeit unseres Herrn Jesus Christus zum ewigen Leben!“

Er erhob sich und ging, ohne ein weiteres Wort zu sagen, hinaus. Sommer wußte, warum der Freund jetzt allein sein wollte. Er wandte sich, ging in das Zimmer, in dem Hoffmann aufgebahrt war, und setzte sich dort nieder, die Totenwache zu halten; eine stille Wache, bei der er auf den Gottestrost lauschte, von dem Hoffmann so oft gesprochen hatte.

Obwohl Tersteegen die Trauerfeier erst in letzter Stunde bekanntgegeben hatte, waren mehr als 150 Brüder und Schwestern gekommen, um dem verehrten Prediger das letzte Geleit zu geben.

Nach kurzer Zeit schon zeigte es sich, daß dies nicht das einzige Mal gewesen war, an dem sich das Haus bis in den letzten Winkel füllte. Tersteegen mietete nämlich die Wohnung und machte sie zu einer Herberge für die vielen, die von auswärts kamen, um ihn zu besuchen. Sie wurde recht bald - und nicht nur dem Namen nach - eine „Pilgerhütte", in der man Zuflucht und Trost suchte und fand.

Auch für Tersteegen selbst hatten sich Änderungen ergeben. Im selben Jahr 1746 hatte er, der bisher immer nur zur Miete gewohnt hatte, ein Haus in der Teinerstraße gegenüber der Petrikirche bezogen. Mit Heinrich Sommer bewohnte er dort das Obergeschoß, während zu ebener Erde Sibylle Emschermann das Sagen hatte, die nicht nur den gesamten Haushalt führte, sondern auch für Kranke und Arme warme Mahlzeiten kochte, wobei ihr der Bruder mit seiner Frau zur Hand gingen. Gerhard Tersteegen wußte eben, wie er die Mittel, die seine Freunde spendeten, zum Gotteslob und zum Wohl der Schwachen einsetzen konnte.

Der väterliche Freund Wilhelm Hoffmann war heimgegangen. Seine Lebenserfahrung, seine Menschenkenntnis, vor allem aber sein zuversichtlicher Glaube waren für Tersteegen ein starker Halt und eine gern angenommene Hilfe gewesen. Erst jetzt, da der Freund nicht mehr da war, merkte Tersteegen, was er ihm bedeutet hatte. Die Erkenntnis, einen wahren Freund verloren zu haben, tat weh. Wen gab es da noch, der Wilhelm ersetzen könnte? Heinrich Sommer vielleicht? Ein aufrechter Mann und ein fleißiger Beter dazu. Doch es mangelte ihm an Weitblick und Bildung, Dinge richtig einzuordnen, Entwicklungen im voraus abzuschätzen oder gar sachkundigen Rat zu geben. Ein treuer Helfer mochte Heinrich sein, mehr aber nicht. Zu klein und eng war die Welt, in der er lebte und dachte.

Doch der Mann, der Wilhelm Hoffmanns Platz einnehmen sollte, war für dieses Amt schon ausersehen, lange bevor er oder Tersteegen es ahnte.

24

Johann Engelbert Evertsen hieß er, geboren am ersten Weihnachtstag 1722. Er war also erheblich jünger als Tersteegen, von dem er während seiner Jugend kaum etwas gehört hatte. Der Tod seines geliebten Bruders Isaac, der 1744 starb, erschütterte ihn zutiefst. Aufgewühlt von diesem Schicksalsschlag, die Vergänglichkeit des Menschen so unmittelbar vor Augen, las er Tersteegens Traktat „Vom Glauben und Rechtfertigung", das ihm gerade im rechten Augenblick in die Hand gekommen war. Er las und war getröstet. Auch sein Bruder Abraham und seine Eltern, tätige Mitglieder ihrer reformierten Kirchengemeinde, fühlten sich von Tersteegens Schriften in ihrem Glauben bestärkt und wünschten den Verfasser kennenzulernen. Da sie aber ihres Alters wegen eine Reise nach Mülheim nicht mehr wagten, baten sie Tersteegen, sie in Barmen zu besuchen.

Erst 1747 bot sich ihm die Gelegenheit, ihrer Bitte zu entsprechen. Es wurde eine denkwürdige Reise. Noch immer galt das Konventikelverbot, doch irgendwie mußte es sich bei den Vertrauten herumgesprochen haben, daß Tersteegen unterwegs nach Wuppertal war. Immer wieder wurde er aufgehalten und gebeten, doch wenigstens ein kurzes Wort an die Trostsuchenden zu richten. Es kam zu unvorhergesehenen Gesprächen in Bauernstuben und zu Bibelstunden in Feldscheunen. Selbst das rigoros angewandte Konventikelverbot hatte das Feuer nicht auslöschen können, es glomm unter der Asche weiter.

Endlich das Tal der Wupper, erste Station Elberfeld: Kurz bei Bruder Caspary hereingeschaut, um den es seit dem Verbot stiller geworden war. Doch bald weiter am vielgewundenen Lauf der Wupper hinauf nach Barmen.

Tersteegen brachte den Braunen, der ihn wacker getragen hatte, mit einem Zügelruck zum Halten, um das vor ihm liegende, ansehnliche Areal von Gebäuden in Ruhe betrachten zu können. Ein weiter Hof, um den sich Hallen und Häuser gruppierten, Bandfabrik und Garnbleiche. Eine nicht unbedeutende Anlage und, wie der Augenschein verriet, auch ertragreich, da sich alles in gutem Zustand befand.

Auch die Familie Evertsen machte einen soliden Eindruck. Mutter Evertsen bemühte sich rührend um das Wohl des langersehnten Gastes, während sich Sohn Abraham bescheiden zurückhielt. Dann war da noch der junge Mann mit dem seltsamen Vornamen Engelbert. Bei der ersten Begegnung gewann Tersteegen einen zwiespältigen Eindruck, der sich im Gespräch noch verstärkte. So, er hielt nicht viel von gelehrten Betrachtungen und tiefschürfendem Philosophieren? Schlicht und einfach liebe er es, eben so, wie der von ihm so geschätzte Autor Gerhard Tersteegen schrieb. Lieben und Anbeten, darauf komme es an!

Doch dieser fast kindlich erscheinende Zug war nur der eine Teil seines Wesens. Ihm scharf gegenüber und mit ihm scheinbar unvereinbar stand ein scharfes Gespür für Gewinn, ein Geschäftssinn, der mit instinktiver Sicherheit erfaßte, wo und wie Profit zu machen war.

Gerhard Tersteegen saß wortkarg am Tisch, hörte zu und bemühte sich, von diesen Menschen ein Bild zu gewinnen. Ein adrett gekleidetes Mädchen trug die Speisen auf, ein Diener – die Hände in weißen Zwirnhandschuhen – kredenzte den Wein. Die Köchin, die in den unteren Räumen ihres Amtes waltete, erwies sich als eine wahre Künstlerin ihres Faches. Sie hätte sich verzweifelt die Haare gerauft, wenn sie gesehen hätte, wie wenig dieser Gast aus Mülheim ihre Kochkunst zu schätzen verstand.

Der hatte nur Sinn für diesen seltsamen jungen Mann namens Engelbert. Wie sachverständig der über den Vertrag sprach, den man da grade mit einer englischen Firma abgeschlossen hatte. Von einer ganzen Schiffsladung war die Rede, die über Duisburg und Rotterdam nach Übersee gehen sollte. Wie, Engelbert scheute sich nicht, mit einem leichten Schulterzucken zu bemerken, daß bei dieser Sache wohl an die dreihundert Prozent Gewinn heraussprängen? Das war doch – schlicht gesagt – Wucher! Dreihundert Prozent! Hieß das nicht, den Geschäftspartner über das Ohr hauen?

Jetzt spricht er – fast im gleichen Atemzuge – von der Spende an die Kirche. Und weil sie nun einmal bei diesem Thema sind und der Bruder Abraham nachhakt, wie weit es mit dem Dach des Armenhauses sei: „Tja, da werden wir wohl noch zweihundert Taler nachschieben müssen. Es hat sich nämlich herausgestellt, daß nicht nur die Dachpfannen ersetzt werden müssen, sondern auch die Latten vom Holzwurm zerfressen sind, womöglich gar das ganze tragende Gebälk."

Tersteegen kommt aus dem Verwundern nicht heraus. Hier ein neues Dach für das Armenhaus, dort Bücher für die Schule und nun eine neue Orgel für die lutherische Kirche – für die lutherische? Sind denn die Evertsens nicht Reformierte? Sind sie! Doch das hindert sie nicht, auch für die Lutheraner oder gar die Katholiken mit großzügigen Spenden einzutreten, wo immer das erforderlich scheint.

Tersteegen nimmt nicht wahr, wie zart das mit jungen Böhnchen gereichte Lammfleisch ist, riecht nicht das volle Bouquet des guten Bordeaux. Er hat zu tun, diesen Widerspruch zwischen ausgeprägtem Geschäftssinn und geheiligtem Lebenswandel zu begreifen. Dunkel erinnert er sich: Traf er nicht ähnliches bei den Gesinnungsfreunden in Schwaben? Er hat ausgiebig mit ihnen korrespondiert, und in ihren Briefen stieß er ebenfalls auf dieses Spannungsverhältnis: Da gab es Christen, die ihren ausgeprägten Geschäftssinn mit einer tätigen Nächstenliebe zu verbinden wußten.

„Müde von der Reise?" Die Frage der besorgten Gastgeberin schreckt ihn auf. „Ja, gewiß, der lange Ritt –" „Wir sind ja so dankbar, daß Ihr unserer Einladung endlich folgen konntet!" Schon gut, nein danke, bitte keinen Wein mehr, wenn ich mich zurückziehen dürfte? Die Hausfrau gewährt es mit freundlichem Nicken. Er darf sich zur Ruhe hinaufbegeben, Engelbert wird ihn zu seinem Zimmer führen.

Ein überraschend gut ausgestattetes Gästezimmer, es riecht unaufdringlich nach Lavendel. Daunenbetten, echte Eiderdaunen! Man sinkt hinein, man fühlt sich wohl. Engelbert ist gegangen, nachdem er „Eine gesegnete Nacht!" gewünscht hat. Eine gesegnete Nacht. Damit kann er wohl nur meinen: Stille zur Besinnung, Andacht für das Gebet? Oder – hier im Tal der Wupper scheint ja alles denkbar – meint er damit auch: Innenschau für Soll und Haben? Ein Dankgebet für 300 % Gewinn?

Noch kommt Tersteegen über diese Hürde nicht hinweg. Gewinn machen: Heißt das nicht, dem Mammon dienen? Aber sieh dir diese Menschen an, Gerhard! Wofür verwenden sie ihren Gewinn? Für wen? Ah, siehst du? Bloßen Gewinn erachten sie für nichts. Ist für die Katz! Zum Segen wird er nur, wenn du ihn weitergibst!

Eine neue Erkenntnis für Gerhard? Nicht ganz, zu oft schon ist er diesem Gegensatz begegnet, der dem oberflächlichen Betrachter so unvereinbar scheint. Da sind die Begegnungen mit den Freunden in Holland, mit Pauw etwa oder mit Frau d'Orville. Schon da hat ihm diese Paarung von Geld und Nächstenliebe Kopfzerbrechen bereitet. Doch hier, bei den Evertsens in Barmen, da wird das hautnah. Hautnah, weil du in dem Moment, da du diesen Leuten in die Augen sahst, erkanntest: Diese Menschen werden deinem Herzen immer nahe sein, besonders dieser Bruder Engelbert. Darum muß ich endlich klar sehen: Was hat es mit dieser Spannung zwischen Nehmen und Geben auf sich?

Ein neuer Morgen, ein neuer Tag. Und neue Gespräche und neue Erfahrungen. Engelbert Evertsen: Geistlichen Rat und Zuspruch im Glauben wirst du bei ihm kaum finden können. Dafür ist Engelbert selbst zu unsicher, zu bedrückt. Schuldgefühle, die meist ganz unbegründet sind, plagen ihn. Man könnte ihn fast einen Hypochonder nennen. Auf jeden Fall ist er – jetzt noch – ein Beladener, der mit seiner Last nicht fertig wurde und darum zu Tersteegen floh, ihm sein übervolles Herz ausschüttete, mit ihm betete und Stärkung gewann.

Und Engelbert Evertsen hat es seinem geistlichen Vater gedankt, mit dem, was er zu geben hatte: mit seinen weitreichenden Verbindungen, seinem gesunden Blick für das Machbare und nicht zuletzt mit seinem Vermögen. Selten haben sich zwei Männer so gut ergänzt wie Gerhard und Engelbert.

25 Schon bei seiner Reise zu Evertsens hatte Tersteegen erlebt, daß die von den Behörden scheinbar erstickte Erweckungsbewegung nicht völlig erloschen war. Es bedurfte nur des Windhauchs, der in die Asche blies, das Feuer neu anzufachen.

Der Wind weht, wo er will. Und oft kommt er aus einer Ecke, aus der man ihn wirklich nicht erwartet hat. Aufgeregt kam Sibylle Emschermann vom Einkauf heim, fand kaum Zeit, die Sachen, die sie für die Armenküche auf dem Markt besorgt hatte, säuberlich auf dem Küchentisch abzulegen, warf nur hastig Taschen und Körbe hin, um sofort die Treppe hinaufzustürmen.

Tersteegen erschrak, als sie hereingestürzt kam und herausplatzte: „Habt Ihr schon gehört? Ich meine den ... – den neuen Erweckungsprediger. Hat so einen merkwürdigen Namen, hört sich französisch an." Sie raufte vor Aufregung ihr Haar. „Wie heißt er doch rasch? Schewa – Schewa – Chevalier!" Sie strahlte. „So, jetzt hab ich's: Chevalier. Soll aus Amsterdam kommen, hat sich aber, wie man erzählt, in Duisburg als Student der Theologie eintragen lassen." Sie achtete kaum auf Tersteegen, hatte es viel zu eilig, ihre Neuigkeiten loszuwerden. „Und nun zieht er herum, hält Versammlungen und predigt Buße. Und die Leute strömen hin, sagen, er sei ein zweiter Wilhelm Hoffmann, ein –"

Jetzt war es für den geduldigen Tersteegen doch zuviel: „Nun halte sie doch mal ein, ja?" Er mußte ein Lachen unterdrücken, als er sie so dastehen sah: den Mund halb offen, die Arme in die Hüften gestemmt. Ruhiger fuhr er fort: „Ein zweiter Wilhelm Hoffmann? Das höre ich gar nicht gern, wenn ein halbfertiger Student meinem heimgegangenen Bruder Hoffmann gleichgeachtet wird."

Er sah, wie sie sich bemühte, ihm nicht ins Wort zu fallen. Sie schaffte es, die Achtung vor ihm war also doch stärker als ihr verletzter Stolz, unterbrochen worden zu sein. Fast demütig bat sie: „Ich wollte doch nur wiedergeben, was die Leute über diesen Schewa-Chevalier sagen. Und nach dem, was die berichten, die ihn schon gehört haben, muß er ein, ein –", endlich schien sie ein passendes Wort gefunden zu haben, „– ein gewallltiger Redner sein."

Sie hielt den Kopf schief, als lausche sie dem großartigen Wort „gewallltig" nach. Hörte sich doch gut an, nicht wahr? Ein gewallltiger Redner. Noch besser hätte es sich vielleicht angehört, wenn sie ihn einen gewallltigen Prrrediger genannt hätte. Doch das gewallltige Wort schien auch Tersteegen beeindruckt zu haben, nickte er ihr doch beipflichtend zu: „Soso, ein gewallltiger Redner!" Er war zu einem Entschluß gekommen. „Gut, hören wir uns diesen Chevalier einmal an! Wann und wo wird er denn wieder predigen?" Sibylle fühlte sich obenauf: „Heute abend schon, und hier bei uns in Mülheim!" Natürlich wußte sie auch Genaueres, die Straße und das Haus. „Und geht beizeiten los! Es wird wieder mächtigen Zulauf geben."

Sibylle – wie konnte es bei ihrem Namen auch anders sein – erwies sich als gute Prophetin. Zulauf, wie sie das genannt hatte, gab es reichlich, die Leute drängten und schoben sich, diesen Studiosus zu hören. Und in der Tat, dieser Jacob Chevalier war das, was Sibylle verheißen hatte: ein wortgewaltiger Redner. Wie er auf die Menschen zuging, sie zu packen wußte, ihr Gewissen weckte und sie zur Buße rief: Das war schon erstaunlich.

Tersteegen hielt sich im Hintergrund und hörte aufmerksam zu. Gewiß, da gab es im Wesen und im Auftreten dieses jungen Mannes einiges, was man unreif oder auch überspannt nennen konnte. Aber der Mann war echt! Er glaubte, was er verkündete, fing mit der Buße bei sich selber an. Und das galt.

Und weil es echt war, kam es an. Ergriffenheit auf vielen Gesichtern, etwa bei dem da hinten: ein stadtbekannter Trunkenbold, der Frau und Kinder verprügelte. Jetzt hockte er da auf den Stufen, das Gesicht in die Hände vergraben. Seine Schultern zuckten. Er weinte, wollte es aber nicht zeigen. Darum hatte er die Hände vor dem Gesicht.

Plötzlich wußte Gerhard Tersteegen, was er zu tun hatte: diesem vor innerem Feuer glühenden Studiosus zur Seite stehen, ihm helfen, die störenden Ecken und Kanten abzuschleifen, damit der feste, klare Kern zum Vorschein komme! Ein Rohdiamant war dieser junge Mann. Ihm fehlte nur der rechte Schliff.

Schon wenige Tage später suchte Tersteegen den jungen Holländer auf und wurde mit offenen Armen empfangen. Er war erleichtert, als er sah, daß Eitelkeit diesem trotz seiner Jugend schon so erfolgreichen Prediger fremd war. Offen konnte man mit ihm reden, er hörte zu, nahm zu Herzen, fragte weiter und mühte sich, im Dienst Jesu klein zu werden, rein und bescheiden. Und er war zugleich mutig im Bekennen, frisch im Zupacken und jedem brüderlich verbunden, der auch den Weg suchte.

Mit Chevalier kam frischer Wind aus dem Westen. Er blies in die Asche, unter der die Glut nur darauf gewartet hatte. Die Flamme züngelte hoch, brach durch die Kruste und loderte hell empor. Und der Funke sprang über, von Duisburg nach Styrum, nach Speldorf und nun auch nach Mülheim. Es kam jetzt nur noch darauf an, das Feuer am Brennen zu halten.

Ob Chevaliers Kraft dazu ausreichte? War dafür nicht mehr erforderlich als der brennende Missionseifer eines Anfängers?

So geschah es, daß Tersteegen nach langen Jahren des Schweigens wieder in den Versammlungen das Wort ergriff, erstmals im Advent des Jahres 1750. Vorbei die Zeit des Schweigens. Das Herz ging ihm über, als er sah, wie sich da an die vierhundert Männer und Frauen in seinem Hause dicht an dicht drängten, im Untergeschoß, die Stiegen herauf in den Fluren, durch das mittlere Stockwerk bis hinauf ins oberste. Alle drei Stockwerke standen über Durchbrüche miteinander in Verbindung, so daß man überall den Prediger, der im mittleren Stockwerk stand, hören konnte. Und doch reichte das Hausinnere nicht aus, draußen stellten sie Leitern an, klommen die Sprossen hinauf und besetzten die Leitern bis zu den geöffneten Fenstern, um zu hören, was Vater Tersteegen zu ihnen sprach.

Ausdauer war dagegen nicht die Stärke Chevaliers. Er war halt ein Mann des raschen Zupackens, das ja jungen Menschen mehr liegt als beharrliches Durchstehen. Schon bald kehrte er in seine Heimat zurück und übernahm dort, nachdem er sein Studium beendet hatte, ein Pfarramt in Friesland.

Er hinterließ Tersteegen einen Acker, auf dem eben die Saat aufgegangen war. Es blieb Tersteegen vorbehalten, diese Saat zu pflegen und reifen zu lassen bis zur Ernte. Eine großartige, aber auch harte Aufgabe, fast zu schwer für einen Mann, den so viele Krankheiten plagten. Doch sie mußte getan werden, denn nicht mehr Hunderte, Tausende verlangten jetzt nach Trost und Zuspruch. Versammlungen hier, seelsorgerliche Gespräche dort, es gab keine ruhige Stunde mehr. Geduldig warteten Ratsuchende vor der Tür, bis sie endlich an der Reihe waren, ihre Nöte ihm vortragen und sich von ihm stärken lassen konnten. Mitunter konnte er den Ansturm nicht bewältigen, so daß mancher Besucher nach endlosem Warten am Ende doch enttäuscht heimkehren mußte und nur hoffen konnte, wenigstens am nächsten Tage Tersteegen sprechen zu können.

Mittelpunkt allen Wirkens aber blieben die Versammlungen, die er sonntäglich in seinem Hause hielt. Er achtete sorgsam darauf, daß sie zeitlich nicht mit den kirchlichen Gottesdiensten kollidierten. Er wollte nicht Konkurrent der ordentlich bestellten Pfarrer sein, sondern ihr Zulieferer.

26 Ein unbekannter Zuhörer kam irgendwann einmal auf den Gedanken, Tersteegens Predigten mitzuschreiben, und gar bald gehörte es zum gewohnten Bild, daß ein halbes Dutzend Leute - einander ablösend - dasaßen und mitschrieben. Der erste Nachdruck einer solchen, schon ein Jahr zuvor gehaltenen Predigt erschien 1752. Von dem Predigttext 2. Korinther 5,14-15 ausgehend, hatte Tersteegen über die Kraft der Liebe gesprochen:

„Gott jammerte in Ewigkeit unser über alle Maßen großes Elend. Er ließ es sich sein Bestes kosten, er schenkte uns, zu unserm Heil, seinen Sohn ... Das kann weder Engel noch Mensch begreifen noch ergründen, man muß es glauben, man muß es verehren und mit Christo selbst bewundernd sagen: Also hat Gott die Welt, diese elende Welt geliebet ...

Höret's heute noch einmal so, als ob ihr's euer Leben lang noch nie gehört hättet! Christi allertreueste Freundschaftsliebe hat ihn gedrungen aus dem Himmel, uns zu retten und zu helfen. Und damit er solches tun und wir nicht vor ihm erschrecken möchten, kleidete er sich ein in unsere armselige Menschheit und sündliche Gestalt, er nahm unsere Sündenlast und Schulden als seine eigenen wirklich auf sich. Er hat an die vierunddreißig Jahre für dich und für mich gearbeitet, gebetet, gerungen ...

Und dies alles hat er aus einer freiwilligen Freundschaftsliebe getan, damit er uns durch den unschätzbaren Wert seines Blutes wieder aussöhnen und sich zu seinen Freunden erkaufen möge ...

Sehet, jetzt hören wir noch von der Liebe Christi. Wer weiß, wie lange? Jetzt wird sie uns noch verkündet, angepriesen und durch Christum selbst unsern Herzen angeboten. Ja, Christus liebet euch, ihr Sünder alle, ihr größten Sünder, die ihr gestehen müßt, daß ihr bis dahin noch Sklaven der Sünde und des Satans gewesen seid. Ihr dürft nicht verloren gehen. Christus will euch gerne helfen, er bittet euch darum. Ach, gebt euch doch ihm hin! . . .

Christus liebt uns und will uns lieben. Er will uns mitteilen die Kraft dieser seiner Liebe, in uns und zugleich mit derselben alles Gute in Zeit und in Ewigkeit. Christus liebt uns, ihr Herzen alle! Was machen wir doch, was zagen wir noch, was schlafen wir noch? . . .

Christus liebt euch, es ist die Wahrheit, wollt ihr noch liegen bleiben in eurer Mutlosigkeit? Sollte euch diese frohe Botschaft nicht aufspringen machen? Sollten wir uns noch mit den nichtigen Läppereien dieser Welt aufhalten? Sollten wir nicht seine Liebe uns dringen lassen, unsere Herzen von allen nichtigen Götzen und Nebenbuhlern völlig abzureißen und sie auf ewig seiner göttlichen Liebe zu widmen? In Christi Herz sehe ich nichts als Liebe zu uns. Ach Schande, daß in unseren Herzen noch etwas anderes gesehen wird als die Liebe Christi!"

Schon beim Lesen dieser Auszüge spüren wir einen Hauch des Geistes, der Tersteegen treibt. Es ist der Geist der Freude, der überquellenden Freude über das, was Gott an seinen Menschenkindern getan hat und noch tut. Wieviel heller mag diese Flamme gelodert haben, wenn die Worte, die uns hier in schwarzen, toten Buchstaben begegnen, aus dem Munde Gerhard Tersteegens kamen. Da mußten die Zuhörer spüren, was für ein Feuer im Herzen dieses Mannes brannte. Kein verzehrendes Feuer, das mit Sündenstrafe und Höllenqual einheizt. Ein Feuer der Gottesliebe, ein Feuer, das läuterte, rein machte und Verlangen weckte, sich aus der Kälte dieser Welt in diese Wärme zu retten.

Kein Wunder, daß der Sonderdruck dieser Predigt in kurzer Zeit sechs Auflagen erreichte, zugleich ein Beweis dafür, wie groß der Hunger im Lande war. Verständlich auch, daß Tersteegen diese Predigt in den Sammelband „Geistliche Brosamen" aufnahm, der allerdings erst sehr viel später, kurz vor seinem Tode, herauskam.

Wenn wir uns diese Predigten ansehen, so fällt uns sofort ihre Länge auf: bis zu fünfzig Druckseiten! Wenn man das langsam und mit den erforderlichen Pausen nachspricht, stellt man fest, daß eine solche Predigt bis zu zwei Stunden gedauert haben muß. Und da soll sich niemand vorzeitig hinausgeschlichen haben, keiner eingeschlafen sein?

Trotz – oder vielleicht auch gerade wegen – der Länge seiner Predigten ahnt man, welch ein begnadeter Redner Tersteegen gewesen ist. Keine langatmigen Umschreibungen, kein oberflächliches Dahinplätschern, keine Belanglosigkeiten. Tersteegen wußte aus seinen unzähligen seelsorgerlichen Gesprächen, wo die Leute der Schuh drückte. Und darum kam er sofort zur Sache. Und diese Sache hatte nur einen Namen: die Liebe Jesu.

Eine einfache, manchem gar simpel erscheinende Botschaft: Jesus allein, Jesus, der als Kind in unsere Welt kam, dort in der Krippe liegt, wahrer Mensch und wahrer Gott. Wahrer Mensch dort am Kreuz, von allen verlassen, sogar von Gott. Und selbst auch wahrer Gott: Wie er am Ostermorgen aus dem Grabe steigt und den Tod bezwingt. Das Wunder der Liebe Gottes, das Geheimnis Christus: Gott verließ sich selbst, um dir ganz nahe zu sein.

Diesen Jesus stellt Tersteegen seinen Zuhörern vor Augen. Und sie packen zu, wollen ihn fassen und halten: Jesus, der Immanuel, der Gott mit uns.

27 Wieder, wie an jedem Sonntag, ist das Haus in Mülheim voll vom Keller bis unter das Dach. Tersteegen predigt im Mittelgeschoß, steht dicht neben dem Durchbruch, der alle drei Stockwerke verbindet und des Predigers Stimme in alle Räume trägt. Und da, Tersteegen genau gegenüber, steht ein neuer Zuhörer, einer, der noch nie hier war. Neue Gesichter tauchen immer wieder auf, kommen und gehen, einige lassen sich wieder sehen, bleiben. Dieser Mann da drüben unterscheidet sich deutlich von allen andern, die man sonst hier bei den Hausversammlungen sieht. Haltung und Gewand lassen vermuten, daß er ein Mann der Kirche ist, kein einfacher Pastor, eher einer aus der Kirchenleitung.

Es ist der Oberkonsistorialrat Johann Julius Hecker, eben aus Berlin in Mülheim angekommen. Erst kurz vor Beginn der Versammlung hatte er das Haus betreten, kaum noch Zeit gefunden, sich vorzustellen.

Was ihn wohl herführen mag? Aus Berlin kommt der Herr Oberkonsistorialrat nach Mülheim! Das muß doch einen Grund haben? Soll dieser hohe Herr vielleicht den nicht ordinierten Prediger Tersteegen „abhören"?

Schon so mancher Kandidat der Theologie ist bei seiner Examenspredigt stecken geblieben, weil ihm die Angst die Kehle zuschnürte. Denn da unten auf der ersten Bank saß ein Herr Konsistorialrat, der von der Prüfungskommission den Auftrag hatte, die Predigt „abzunehmen", das gottesdienstliche Verhalten des Kandidaten zu begutachten und schließlich einzustufen als „gut", „bestanden" oder auch als „mangelhaft".

Tersteegen aber achtete nicht auf den Herrn aus Berlin, er sah nur die vielen, die nach seinem Trost verlangten. Da waren vertraute Gesichter, Freunde, denen er mit seelsorgerlichem Zuspruch hatte helfen können. Da sah er andere, die noch nicht zur Entscheidung gefunden hatten, sich aber ernstlich bemühten, Gott näher zu kommen. Sie alle, die Mühseligen und Beladenen, die Getrosten und Bekehrten, sie alle waren ihm anvertraut. Ihnen hatte er die Liebe Jesu ans Herz zu legen, sie mußte er locken: Kommt, kommt!

Vergessen war der Herr Oberkonsistorialrat aus Berlin. Mochte er doch argwöhnisch zuhören und aufpassen, ob alles, was da verkündet wurde, auch theologisch einwandfrei und dogmatisch richtig sei. Mochte er! Vielleicht, wenn Gott es so wollte, fiel auch für diesen Herrn etwas ab, was seinen Glauben stärkte?

Doch dann, hernach, als die Versammlung geschlossen und der Strom der Hörer sich verlaufen hatte, da stellte sich der Herr Oberkonsistorialrat in aller Form vor und ließ die Katze aus dem Sack: Ist tatsächlich hergeschickt, der „Sache Tersteegen“ auf den Grund zu gehen. Offenbar hatte sich ein besonders hartnäckiger Gegner Tersteegens, dem die Behörde in Düsseldorf nicht scharf genug durchgriff, Beschwerde führend nach Berlin gewandt. Sozusagen an die oberste und letzte Instanz in Preußen. Und auf solche Beschwerde hin hatte man sich „höchsten Ortes“ genötigt gesehen, der nunmehr aktenkundig gewordenen „Angelegenheit Tersteegen“ nachzugehen.

Man hatte die Köpfe zusammengesteckt und beratschlagt, wer wohl diese heikle Sache in die Hand nehmen könnte. So eine Reise von Berlin nach Mülheim, in der Postkutsche, auf zum Teil recht holprigen Straßen, nun, das war nicht jedermanns Freude. Mülheim lag zwar auch in Preußen, aber am anderen Ende des jungen Königreichs.

Doch Moment mal: „Herr Collega Hecker, Ihr seid doch an der Ruhr beheimatet?“ „In Werden an der Ruhr.“ „Großartig, da kennt Ihr doch Land und Leute und wißt, wie man mit ihnen zurechtkommt.“ Und rasch war man sich einig: Hecker ist der richtige Mann! Er hatte sich ein wenig geziert, doch dann – zum Schein ein bißchen widerstrebend – eingewilligt.

An dieser Stelle seines Berichtes angekommen, hatte Hecker Tersteegen verschmitzt zugeblinzelt: „Habe mich gehütet, den Kollegen zu zeigen, wie gern ich diese Dienstreise auf mich nahm.“ „Ich verstehe, es war eine gute Gelegenheit, die Heimat der Kindheit wiederzusehen.“ „Nicht nur das, mein lieber Tersteegen, nicht nur das.“ Er hatte Tersteegen zugenickt. „Nach Euch hat es mich verlangt, nach Euch!“ Er wurde eifrig. „Verwandte schrieben mir über Euch und Freunde, die Eure Predigten hörten. Ich habe mir daraufhin einige Eurer Schriften besorgt, und das Herz ging mir auf.“

Schon nach wenigen Tagen hatte sich zwischen den beiden Männern eine aus Sympathie und Geistesverbundenheit erwachsene Freundschaft gebildet, die so weit reichte, daß Hecker Tersteegens Sache zu der eigenen machte.

Am 18. August 1754 hielten sie gemeinsam eine Hausversammlung. Zuerst sprach Tersteegen über 1. Korinther 6,19-20: „Wisset ihr nicht, daß euer Leib ein Tempel des heiligen Geistes ist, der in euch ist, welchen ihr habt von Gott, und seid nicht euer eigen? Denn ihr seid teuer erkauft. Darum so preiset Gott an eurem Leibe.“ In eindringlichen Worten forderte er die Hörer auf, auf dem nun einmal beschrittenen Heilsweg nicht stehenzubleiben, sondern mutig fortzuschreiten. Es genüge nicht, bekehrt zu sein, auf die Bekehrung müsse die Heiligung folgen. Erst das heilige Leben bringt den bekehrten Christen in den „herrlichen Stand der Gottseligkeit“.

Als Tersteegen geendet hatte, nahm Hecker das Wort zum Thema „Die dreifaltige Herrlichkeit des wahren Christen“. Er versäumte nicht, sich bei dieser Gelegenheit dafür zu bedanken, daß ihm Tersteegen nicht nur ein aufmerksamer Gastgeber, sondern auch ein herzlicher Freund geworden sei. Ganz besonders aber betonte er, daß er mit Tersteegens Lehre vollkommen übereinstimme. Was Tersteegen hier in Mülheim predige, sei genau dasselbe, was er, der Oberkonsistorialrat Hecker, in Berlin von der Kanzel verkündige.

28 Als Hecker nach Berlin zurückgekehrt war, konnte er guten Gewissens ein in jeder Hinsicht positives Urteil über Tersteegens Wirken abgeben. Es war insbesondere ein theologisches Kriterium, das ihn für Tersteegen eintreten ließ: die Übereinstimmung von Bekehrung und Heiligung.

Schon oft hatte Hecker es erfahren, daß gerade Prediger, die wegen ihrer volkstümlichen Beredsamkeit gerühmt werden, zur Einseitigkeit neigen. Sie gewöhnen es sich an, ein Thema, das bei ihrer Zuhörerschaft gut ankommt, immer wieder unter neuen Aspekten zu beackern. Der eine mahnt mit Feuereifer immer wieder zur Buße und ruft in herzbewegenden Beschwörungen zur Umkehr auf. Ein anderer schwärmt von der beseligenden Erfahrung der Gnade, während der dritte monoton hervorhebt, das alles sei nichts, wenn der Mensch nicht selber bei seiner Besserung mithülfe. Jeder von ihnen hat auf seine Weise recht, aber eben nur auf seine Weise, und die ist halt nur eine Teil-Weise, sie bekommt nicht das Ganze in den Blick.

Anders dieser Gerhard Tersteegen. Der wies immer wieder auf die untrennbare Einheit von Rechtfertigung und Heiligung hin.

Da hatte man Hecker in langatmigen Beschwerdeschreiben versichert, dieser Tersteegen sei ein Mystiker, suche Gott in sich selbst und verwische den Unterschied von Gott und Mensch, von Schöpfer und Geschöpf. Und das sei ja wohl unbiblisch, stamme vielmehr aus der heidnischen Philosophie der alten Griechen.

All diesem Gerede zum Trotz hatte Hecker nun in Mülheim bestätigt gefunden, was er schon bei der Lektüre von Tersteegens Schriften gespürt hatte: Tersteegen begründete die Rechtfertigung des Sünders vor Gott genau wie der Heidelberger Katechismus. Der gibt auf die Frage „Was ist dein einziger Trost im Leben und im Sterben?“ zur Antwort: „Daß ich mit Leib und Seele, beides, im Leben und im Sterben, nicht mein, sondern meines getreuen Heilands Jesu Christi eigen bin, der mit seinem teuren Blut für alle meine Sünden vollkommen bezahlt und mich aus aller Gewalt des Teufels erlöst hat und also bewahrt, daß ohne den Willen meines Vaters im Himmel kein Haar von meinem Haupte kann fallen, ja auch mir alles zu meiner Seligkeit dienen muß. Darum er mich auch durch seinen Heiligen Geist des ewigen Lebens versichert und ihm forthin zu leben von Herzen willig und bereit macht."

Jesus allein! Er hat mich erlöst. Und zugleich gibt er mir durch seinen Geist die Kraft, mein Leben so zu ändern, daß es ein Christenleben wird. Dies war das Evangelium, das Tersteegen verkündete.

Man durfte in Berlin zufrieden sein. Tersteegen, über den sich so viele den Mund zerrissen, war also doch kein Irrgläubiger, sondern, wie der Bericht des kompetenten Herrn Oberkonsistorialrats Hecker nachwies, ein bibeltreuer Prediger, ohne verpflichtende Ordination zwar, aber in seinem Gewissen gebunden an die Heilige Schrift und die reformatorischen Bekenntnisse.

Es sieht so aus, als habe Hecker aber nicht nur bei der obersten preußischen Kirchenbehörde eine Lanze für Tersteegen gebrochen, sondern ihn auch dem König Friedrich II., dem damals noch jungen „Alten Fritz", empfohlen. Dieser Hohenzoller war eine einzigartige Erscheinung unter allen gekrönten Häuptern seiner Zeit. Hochgebildet, musikalisch wie philosophisch beschlagen, tolerant in einem Maße, wie es den absolutistisch Denkenden unerträglich schien; zugleich ein undurchschaubarer Diplomat, der, wenn es um sein Preußen ging, rücksichtslos, wenn nicht gar gewissenlos handeln konnte. Kurz, ein Widerspruch in sich: Künstler und Mäzen, Intrigant und Feldherr.

Es wäre seltsam, wenn Hecker und Tersteegen nicht auch über ihren Landesherrn König Friedrich gesprochen hätten. Tersteegen hatte schon vor Heckers Besuch einige Schriften des über Gott und die Welt philosophierenden Königs in die Hand bekommen. Jetzt bot sich die Gelegenheit, von Hecker über die Persönlichkeit dieses Hohenzollern mehr zu erfahren. Hecker kannte sich als Angehöriger der obersten kirchlichen Behörde, die ihren Sitz in der preußischen Hauptstadt hatte, gewiß bei Hofe gut aus, so daß Tersteegen davon ausgehen konnte, von Hecker zuverlässige Informationen zu erhalten.

Wir wissen nicht, was Hecker seinem Gastgeber über den Denker Friedrich mitgeteilt hat, können auch nur vermuten, daß sie sich über Friedrichs Schriften ausgiebig unterhalten haben. Es muß den Oberkonsistorialrat schon interessiert haben, was Tersteegen vom literarischen Wert dieser Abhandlungen hielt. Wie stand er zu ihrem Inhalt? Und, mit allem Respekt gefragt: Was hielt er von der Persönlichkeit Friedrichs? Sicher ist, daß Tersteegen bald nach Heckers Abreise sich daranmachte, seine Meinung über das literarische Werk des Königs schriftlich niederzulegen.

Veröffentlicht wurde dieses Werk unter dem Titel „Gedanken über eines Anonymi Buch, genannt, Vermischte Werke des Weltweisen zu Sanssouci“ zwar erst im Jahre 1762, doch ist es mehr als wahrscheinlich, daß Tersteegen schon vorher eine Abschrift dem Oberkonsistorialrat hat zukommen lassen mit dem Bemerken, dieser könne sie nach eigenem Ermessen verwenden.

29 Die Sonne des jungen Vormittags tauchte die Terrassen von Sanssouci in ein kaltes Licht. Der Alte am Fenster nahm langsam den schwarzen Stock mit der Silberkrücke von der Lehne des Stuhles, wandte sich vorsichtig, als wenn er zu fallen fürchte, um und durchmaß mit kurzen Schritten den Raum. Vor dem Kristallspiegel blieb er stehen und sah sich in die Augen.

Diese Augen: Noch immer blickten sie scharf und kritisch in die Welt hinaus. Augen, vor denen schon mancher gezittert hatte, Augen, die in Besitz nahmen und Unterwerfung forderten. Adleraugen. Langsam, ganz langsam, als fürchte er unliebsame Entdeckungen, senkte er den Blick und ließ ihn an dem Spiegelbild tiefer wandern. Die scharfgebogene Nase paßte zu den Augen, betonte das herrisch Fordernde. Aber der Mund: schmale Lippen, verkniffene Mundwinkel, die von scharfen Falten flankiert wurden. Überhaupt die Falten und Fältchen, die das Gesicht zerschnitten. Falten, deren jede einzelne ihre Geschichte hatte: die da erzählte von der verlorenen Schlacht bei Kolin, jene dort von den Höhen bei Kunersdorf. Die Attacke der Russen, Rückzug über die Oder, Räumung Berlins. Kosaken auf der Spreeinsel, Plänkler gar hier in Potsdam.

Die beiden grausamen Falten, die sich rechts und links bis zum Kinn herab eingegraben hatten: frostklirrende Nächte an schwelenden Lagerfeuern waren das, ausgefüllt mit hoffnungslosem Warten und verzweifeltem Ausschauen nach dem Morgenrot. Wann greifen sie an, die Russen und die Truppen der Kaiserin Maria Theresia? Wann versetzen sie deinem verwüsteten Preußen den Todesstoß? Kaum noch Munition, knappe Verpflegung bei leeren Kassen, eine ausgeblutete Armee und ein König, um dessen ausgezehrten Körper eine zerlumpte Uniform schlottert - mon Dieu! Das bist du, Frédéric!

Seine Linke tastet nach der Tabatière, fingert sie heraus und bringt sie in Brusthöhe, so daß die Rechte, die den Krückstock an die Wand gelehnt hat, sie öffnen und mit zwei spitzen

Fingern Tabak fassen kann. Eine Prise nur von dem braunen Staub, nur eine kleine Prise, doch sie wird genügen, den müden Geist zu erfrischen. Ein winziges Häufchen in der flachen Höhlung zwischen Daumen und Zeigefinger. Er hebt die Hand zum Gesicht, senkt die Adlernase und saugt den Staub tief ein.

Er muß die Augen schließen. Nicht weil sie tränen, nein, weil andere Bilder aufblinken. Keine sinnenfrohen, von Lebenslust durchtränkten Bilder, auch wieder nur Bilder voller Schlachtgetümmel und blutigem Tod. Und dennoch, die Namen, die unter diesen Bildern stehen, lassen ihn tief durchatmen: Prag, Roßbach, Leuthen! Ein Junker, zerfetzt und blutüberströmt, reckt im Sterben die Hand hoch: „Victoire, mein König!" Und stirbt. Aber Friedrich hat den Sieg, und Preußen lebt!

Er schlägt die Augen auf, sieht wieder das Spiegelbild an und nickt ihm zu: Ja, mein Alter, du hast Hartes hinter dir. Ein wehes Lächeln läßt die vielen Fältchen zittern. Mein Alter? „Hélas! Du bist ja gar nicht so alt, mon cher." Muß er wirklich erst nachrechnen, wie alt er ist? „Noch nicht einmal fünfzig", murmelt er, „und siehst aus, als seist du zwanzig Jahre älter." Er hebt die schmalen Schultern, als fröstele es ihn. Verständlich, daß sie dich schon den Alten nennen.

Seine Hand zuckt zu dem Stock. Wer – ? Ah ja, der Monsieur le Consistorial! Hatte ihn ganz vergessen über all meinen Sorgen. Er dagegen – ah, Konsistorialrat müßte man sein, dann könnten einem die Kaiserin wie auch der Roi der Franzosen den vom Rheuma gekrümmten Buckel herunterrutschen!

Er sammelte sich, ging sogar ein paar Schritte dem Geistlichen entgegen, der sich nach höfischer Art verbeugte. „Was führt Ihn zu mir? Wieder mal Ärger mit den Papisten? Oder", er kniff ein Auge zu, „mit den atheistischen Philosophen?" Hecker richtete sich hoch, straffte die Schultern und sah dem König frei in die Augen. Er kannte den Alten und dessen

Spottlust. Und er wußte, wie er ihr zu begegnen hatte. „Ich bitte, Majestät! Ich und mich mit den Philosophen anlegen?" Seine Augen suchten das zierliche Tischchen mit den leicht gekrümmten und reich verschnörkelten Beinen. „Da ist es ja!" Des Alten Augen waren Heckers Blick gefolgt: „Je comprend, Er kommt wegen des Essays dieses Monsieur Tersteegen?" „Ich nehme an, Majestät fanden Zeit, es zu lesen?"

Der König war an das Tischchen getreten, nahm jetzt die locker gehefteten Blätter zur Hand und ließ sie durch die Finger gleiten. „L'auteur weiß, daß Ihr diesen Entwurf in meine Hände gebt? Eh bien, dann wird ihm auch an meinem Urteil gelegen sein." Die scharfe Hohenzollernnase ruckte herum: „Par bonheur – dieser Tersteegen fängt da gut an, schreibt: ... daß der Weise von Sanssouci", er genoß offensichtlich diese Redewendung, „reich begabt ist und über eine erstaunliche Belesenheit verfügt."

Er blinzelte Hecker zu. „Sag Er selbst: Geschickt gemacht, eh? Muß einem geplagten König gut eingehen, von einem seiner Untertanen gelobt zu werden." Er verzog den Mund. „Meist trifft ein König nur auf Verdrossenheit. Und wenn er mal gelobt wird, dann sind es Lobhudeleien von Leuten, die etwas bezwecken." Er warf den Kopf in den Nacken, verzerrte aber sogleich das Gesicht, da die Bewegung schmerzte. „Offenen Tadel höre ich so gut wie nie, da es den Bürgern an courage civile fehlt."

Er drehte den Hals vorsichtig nach rechts und links, nickte zufrieden, da es, wenn er den Nacken nur langsam bewegte, nicht mehr weh tat. „Doch zurück zu diesem Monsieur Tersteegen! Habe den Eindruck, daß er kein Schmeichler ist, sondern das Lob seines Souveräns ernst meint." Er winkte ärgerlich ab. „Verzetteln wir uns nicht. Es geht Tersteegen ja um Wichtigeres: um die philosophische Auseinandersetzung!" Er schnalzte mit der Zunge. „Ich bin erstaunt: So etwas können die Stillen im Lande?" Er lachte lautlos. „Wohl nicht alle, aber doch dieser eine! Wie gesagt: Bin oft verquälten Spinnern begegnet, die meinten, sie könnten die Welt verbessern. Bestenfalls waren es Frömmler, die mich einen Atheisten nannten." Er raschelte mit den Blättern. „Dieser Tersteegen aber kreuzt mit mir ehrlich die Klingen. Er geht nicht mit der Mistgabel auf mich los, sondern stellt sich mir mit dem Florett."

30 Die silberne Tabatière blitzte, als er sie aufspringen ließ. Er schnupfte, fuhr sich mit dem Zeigefinger beiderseits die Nasenflügel entlang, zog ein feingesticktes Tüchlein hervor und wischte sich die Augen. Ein tiefes Durchatmen verriet, daß er die Wirkung des Tabaks genoß.

Erst als er das Tüchlein umständlich weggesteckt hatte, nahm er das Gespräch wieder auf. „Ich muß Ihm sagen, daß ich von den Ausführungen des Monsieur Tersteegen durchaus angetan bin." Ein dünnes Lächeln spielte um seinen Mund. „War überrascht, wie gut er meinen Gedanken folgen kann. Mitunter hatte ich bei der Lektüre das Gefühl, daß wir gar nicht so weit voneinander entfernt sind. Doch dann wieder", der Krückstock dröhnte auf das Parkett, „gibt es Passagen, bei denen es deutlich wird, daß Welten uns trennen."

Er wandte sich mit einem Ruck zu Hecker herum. „Er weiß, mon ami, daß ich von Religion nicht viel halte –" „Sie gelegentlich gar bitter verspotte!" Hecker biß sich auf die Lippe. Selbst wenn er recht hatte, man durfte seinem Souverän nicht so barsch ins Wort fallen! In den Augen des Alten hatte es bei Heckers Einspruch aufgeblitzt, doch der erwartete Zornausbruch unterblieb. Einige Augenblicke herrschte peinliche Stille, dann lief ein Schmunzeln über des Königs Gesicht: „Ma considération, mon ami! Auch Er verfügt, wie ich sehe, über courage civile." Das Lächeln verflog, er kam wieder zur Sache.

„Er hat recht, bin ein Philosoph, ein agnostischer dazu, lasse den lieben Gott aus dem Spiel, gestehe aber – das muß Er mir zugeben – jedem Untertanen zu, seinen Glauben zu haben und nach seiner Fasson selig zu werden." Seine Linke spielte an dem silbernen Stern, der als einziger Orden auf seiner Uniform blinkte. „Nun, Er hat ja gelesen, was Monsieur Tersteegen zu diesem Thema schreibt: Unumwunden gibt er zu, daß es auch in der Christenheit so allerlei gebe, woran man Anstoß nehmen könnte, wohl gar müßte. Doch das sei nun einmal in dieser Welt – und zu der gehöre ja auch die Kirche – nicht anders zu erwarten, da das Reich Gottes noch nicht vollendet sei. Aber –" Der Alte stampfte mit dem Reiterstiefel auf und sprach in anderem Tonfall weiter: „Aber dürfe der König daraus das Recht für sich herleiten, nur verächtlich über die Kirchen und die Christusgläubigen zu urteilen?"

Jetzt hatte Friedrich sich an Tersteegens Kritik festgebissen und zitierte ihn weiter: „Überträte der König nicht die Grundregel philosophischen Denkens, wenn er immer wieder Sätze wie ‚So ist es, So ist es!' aus seiner Feder fließen ließe? Mit bloßen Behauptungen dürfe auch der Weise von Sanssouci nicht argumentieren, vielmehr müsse auch Majestät alle Thesen sachlich begründen!"

Hecker war sprachlos: Der König zitierte Tersteegen aus dem Gedächtnis! Wie stark mußte ihn dessen Kritik getroffen, wie intensiv mußte er sich mit den in ihr enthaltenen Gedanken beschäftigt haben, daß er jetzt in der Lage war, sie aus dem Kopf wortwörtlich herzusagen. Überraschend auch, daß in des Alten Stimme kein Zorn, nicht einmal Bitterkeit mitschwang. War diese Selbstbeherrschung nur die Folge der Toleranz, die diesen König auszeichnete? Oder, Hecker war sich da noch nicht sicher, nahm dieser selbstkritische Geist die Kritik Tersteegens an, weil sie von einem Gleichwertigen kam?

Der König hatte eins der Blätter herausgegriffen, ging zum Fenster, wo mehr Licht war, und hob es vor die Augen. „Auch Er, mein lieber Hecker, wird bei der Lektüre gemerkt haben, daß dieser Monsieur Tersteegen eine gute Klinge führt. Ha, er redet nicht drumherum, ist ein harter Fechter, der jede Blöße des Gegners erkennt und zielsicher zustößt. Touché!"

Jetzt schien er die Passage, nach der er suchte, gefunden zu haben: „Höre Er sich das an!" Er las laut vor: „Welch ein Werkzeug könnte dieser große Mann in der Hand des großen Gottes sein, wenn sein vorzüglicher Verstand, von höherem

Lichte bestrahlt, die höchst schädlichen Vorurteile wider die Religion ablegen und sein edles Herz dem König aller Könige, dem Herrn aller Herren, seine gebührende Ehre geben möge."

Die Tabakdose klickte, ein Schnüffeln: „Und nun, mein Lieber, höre Er weiter!" Und wieder las er aus Tersteegens Essay vor: „Meine wahre Hochachtung vor der verehrungswürdigen Person und den unvergleichlichen Eigenschaften des Verfassers haben mich unterm Lesen hundertmal seufzen gemacht." Des Alten Stimme war beim Vorlesen immer leiser geworden, zum Schluß kaum noch zu hören gewesen. Schämte er sich solch hohen Lobes? Beschämte es ihn? Der Oberkonsistorialrat wußte sich's nicht zu deuten, da er des Königs Gesicht nicht sehen konnte.

Jetzt ließ Friedrich die Hand sinken und hob den Blick. In hellem Licht lagen die Terrassen von Sanssouci, doch der König nahm ihre strenge Schönheit nicht wahr, sein Blick ging zum fernen Horizont. Sah er die Verwüstung in seinem Lande? Dachte er an die Blutopfer der unzähligen Schlachten? Zerfraß ihn dieser unselige Krieg, der nun schon so viele Jahre tobte und dessen Ende sich immer noch nicht absehen ließ?

Hecker hütete sich, die Stille zu unterbrechen. Er kannte den Alten und ahnte, wie tief ihn Tersteegens Sätze getroffen hatten. Ein anderer Herrscher hätte wohl nur die Passagen herausgegriffen, die ihm gefielen, und sich bei aller Kritik noch geschmeichelt gefühlt. Nicht so dieser auch gegen sich selbst ehrliche Weise von Sanssouci. Er konnte Tersteegens Mahnen nicht beiseite wischen, er mußte, was er da las, ernst nehmen, abwägen und zu Ende denken.

Die zierliche, ja schwächliche Gestalt, die sich da als dunkle Silhouette gegen die Helle abhob: welche Last lag auf diesen schmalen Schultern! Hecker biß die Zähne zusammen, da ihm die Frage kam, ob er selbst in der Lage wäre, das alles auf sich zu nehmen. Nein, niemals! Eine solche Last, eine so ungeheure

Verantwortung zu tragen, wohl auch Schuld, dazu war nur ein ganz Starker fähig. So einer wie der da am Fenster.

Hecker kannte ihn seit Jahren, wußte, wie er reagierte, und war mit jeder seiner Gewohnheiten vertraut; doch Friedrichs Kern und das, was ihn im Innersten trieb, war ihm noch immer ein Rätsel, würde es wohl auch immer bleiben. Dieser Friedrich: ein Schöngeist und jugendlicher Träumer im weißen Schloß Rheinsberg, ein Flötenspieler und talentierter Komponist, ein Philosoph, der mit seinem Freunde Voltaire die Vernunft auf den Thron hob. Und dieser selbe Friedrich fordert das Deutsche Reich und halb Europa heraus! Dieser so völlig unkriegerische Mensch treibt sein kleines Preußen in gewagte Kriege, tritt am Ende gar gegen Kaiserin, Frankreich und Rußland an. Ein Größenwahnsinniger, der das Maß für die Wirklichkeit verlor?

Hecker fühlt, wie ihm ein Frösteln über den Rücken läuft. Die Reise nach Mülheim: verwüstete Dörfer, verwahrloste Äkker, Frauen, die härteste Männerarbeit verrichten. Weil der Mann bei Zorndorf gefallen, ein Sohn bei Prag geblieben, der andere mit amputiertem Arm nach Hause gekommen war. So sieht es aus vom Bergischen Land bis hinauf zur Memel. Das Ende Preußens ist nahe. Aber der da, dieser Greis von fünfzig Jahren, der widersteht! Ein Wahnsinniger? Oder – wie Tersteegen da schreibt – ein ganz Großer? Hecker schüttelt den Kopf. Er weiß es nicht. Die Geschichte wird es zeigen.

31

Heinrich Sommer rang die Hände: „Schon wieder Einquartierung! Und gleich eine ganze Korporalschaft!" Tersteegen suchte zu begütigen: „Nun, nun, wir werden auch das überstehen." „Du hast gut reden, Bruder Gerhard, aber Sibylle weiß nicht, wie sie in der Eile all das, was diese Herren verlangen, heranschaffen soll." „Ist denn kein Geld mehr da?" Tersteegen runzelte die Stirn. „Ist denn das, was uns jüngst die Freunde aus Holland sandten, schon ausgegeben?" „Ach, wenn es nur um das Geld ginge! Hast du ganz vergessen, daß morgen Ostern ist?"

Das war allerdings ein Argument. Ostern vor der Tür und eine volle Korporalschaft händefuchtelnder und durcheinander schnatternder Franzosen im Haus. Eine heikle Situation, aber nicht zu ändern, und darum mußte man mit ihr zurechtkommen.

„Sieh zu, daß sie sich ruhig verhalten, und du, Heinrich, geh ihnen dabei mit gutem Beispiel voran." „Aber wenn sie mit dem Essen nicht zufrieden sind oder gar Wein verlangen?" „Nun, nun, Sibylle ist in der Lage, auch am Samstagabend noch das Nötige zu beschaffen. Sie kennt ja den Kaufmann gut, ist mit seiner Frau sogar auf Du." Er sah, daß Heinrich noch keineswegs getröstet war, und suchte ihn zu beruhigen: „Es ist doch bisher immer gutgegangen. Die sechs Mann, die im Herbst bei uns einquartiert waren, nach ihnen die beiden Offiziere mit ihren Burschen und Pferden –" „Die einen waren Preußen, die anderen Hannoveraner, jetzt aber haben wir es mit Franzosen zu tun. Und die sind Feinde!"

„Auch Feinde sind Menschen", lächelte Tersteegen. Sommer jedoch schnaubte: „Abwarten, abwarten!" Immerhin, Tersteegens gefaßte Haltung schien ihn zu beruhigen, denn er wandte sich um, ohne weitere Bedenken vorzubringen, und ging zur Tür. Tersteegen sah ihm gedankenverloren nach. Da war ihm doch noch etwas eingefallen, als er die Spende der niederländischen Freunde erwähnte? Richtig, Maria d'Orville hatte geschrieben, die Niederlande befänden sich ja nicht im Krieg mit Preußen und blieben daher von den Unbilden des Krieges verschont. Tersteegen sei ihr, wenn er sich in Sicherheit bringen wolle, als Gast herzlich willkommen.

Lieb von der Schwester d'Orville, überlegte er, wirklich sehr lieb. Aber ich kann nicht fort, darf die Brüder und Schwestern hier gerade jetzt nicht im Stich lassen. Sie brauchen mich so nötig. Gleich nachher muß ich mich hinsetzen und ihr schreiben, daß ich hier nicht fortkann. Sie wird es verstehen, daß es meine Bruderpflicht ist, hier auszuharren.

Er übertrieb nicht, sie hatten ihn nötig, die in Mülheim, noch mehr die in Speldorf und Saarn. Landauf, landab gab es Einquartierungen, Dienstleistungen und Beschlagnahmen bis hin zum gewaltsamen Requirieren oder gar Plündern. Denn die durchziehenden Soldaten betrugen sich nicht immer diszipliniert. Bei den Preußen galt eiserne Manneszucht, doch die Offiziere konnten ihre Augen nicht überall haben. Auch bei der Reichsarmee herrschte – von wenigen Ausnahmen abgesehen – Ordnung. Doch bei den französischen Regimentern gab es einige, die man grob zusammenrekrutiert hatte. Und diese zum Dienst Gepreßten suchten sich nun auf ihre Weise für die erlittene Unbill schadlos zu halten.

Es waren besonders die Soldaten des Generals Fischer, die sich wie Herren aufspielten und nur das Beste vorgesetzt haben wollten. Und wer nicht gleich so sprang, wie sie pfiffen, der konnte froh sein, mit einem blauen Auge oder ein paar Striemen davonzukommen. Dieser rüde Haufe drangsalierte besonders die Bürger von Saarn und Speldorf. Da hatte Tersteegen sein Tun, die Geschädigten zu trösten, die Wütenden zu beruhigen und sie alle aufzurufen, einander in dieser Not beizustehen.

Der holländischen Freundin Catharina van Vollenhoven berichtete er: „Gestern morgen um 3 Uhr kamen etwa 1200 oder 1400 französische Husaren von Fischer an unserer Tür vorbei, um 8 Uhr folgten etwa 1600 Mann Fußvolk von Fischer, die sie in unsere Häuser führten. Dies ist das schlechteste und rauheste Volk, das man unter den Franzosen findet, fähig, in kurzer Zeit ein Land zu verderben. Diesen Morgen um 3 Uhr zogen sie weg, aber unser Ort wird noch lange mit Schrecken an sie denken.“

32 Er hatte eine schlechte Nacht hinter sich, als er sich für die Reise fertig machte. Sein Leben lang hatte er sich mit Krankheit und Schwäche herumplagen müssen. Ausschlag und Geschwüre, Magenbeschwerden und Gallenanfälle, am schlimmsten aber die Nierenkoliken, das alles hatte er ertragen müssen. Die Kraft dazu war ihm geschenkt, weil er die Schmerzen als Kreuz getragen hatte, als eine Prüfung, ob er bereit sei, mit Christus zu leiden.

Jetzt hatte sich zu all dem noch ein Leistenbruch eingestellt, der ihn in seiner Bewegungsmöglichkeit stark einschränkte. Jeder Schritt wurde zur Qual, und das lange Stehen bei den Ansprachen strengte derart an, daß er oft dem Zusammenbrechen nahe war.

Und nun gar das Reiten: eine Folter, die ihm die Klage des Paulus in Erinnerung rief: „Mir ist ein Pfahl ins Fleisch gegeben, nämlich des Satans Engel, der mich mit Fäusten schlage." Auch heute stach der Pfahl im Fleisch, bei jedem Schritt, bei der kleinsten Bewegung. Und der Satan schlug mit der Faust zu, daß der Schmerz von der Leiste bis ins Knie zuckte. Tersteegen biß die Zähne zusammen, wollte das denn nie ein Ende nehmen? Es wollte ihm eben schwarz vor Augen werden, da hörte er eine Stimme sagen – war es die eigene? –: „Auf daß ich mich nicht der hohen Offenbarungen überhebe, ist mir ein Pfahl ins Fleisch gegeben." Die Worte des Paulus, aber meine Stimme!

Er war mitten auf dem Hof stehengeblieben, hob das Gesicht und sah das Licht: Sonne, die hell und fröhlich den Tag beschien. Und ihn, den Schmerzgeplagten, den Geschundenen. Die stechenden Schmerzen, nein, sie waren nicht weg, der Pfahl bohrte noch immer, und Satans Fäuste trommelten. Doch was galt das gegenüber der Liebe Gottes! Hebe deine Augen auf, Gerhard, und sieh! Und was siehst du? Jesus am Kreuz. Und den Satan, wie er mit hämmernden Fäusten dem

Gekrönten die Dornen in die Stirn treibt. Du siehst, wie Satans Engel den Pfahl – den Spieß des römischen Soldaten – dem am Kreuz in die Seite bohrt. Du hörst den Schrei „Mein Gott, warum hast du mich verlassen?" Und du erkennst: Mein Jesus leidet da, mein Gott!

Ja, Gerhard, rede mit dir selbst. Höre zu, wie du klagst, und antworte dir selber: Ich leide nicht einsam und verlassen. Ich leide mit Gott, nein, viel besser: Gott leidet mit mir! Merkst du, erkennst du? Das ist die hohe Offenbarung, die du Tausenden voraus hast. Du hast erkannt, daß Gott die Welt nicht allein ließ, daß er sich mit ihr ein-ließ, daß er sich in diese Welt einließ, in den Menschen, den Sünder und Zweifler. In dich, Gerhard!

Da, er kann wieder gehen, langsam, Schritt vor Schritt. Dort vorn wartet Heinrich mit dem Braunen. Wie fürsorglich, er hat einen Stuhl bereitgestellt. Mit verzerrtem Gesicht steigt Tersteegen auf den Stuhl, packt mit beiden Händen den Sattel, setzt den linken Fuß in den Steigbügel und schwingt sich ächzend hinauf.

Der geduldige Gaul hat ganz still gestanden, mit keinem Muskel gezuckt. Jetzt wendet er den knochigen Kopf ein wenig zur Seite, um zu sehen, ob sein Reiter endlich fertig ist. Eine leichte Bewegung mit dem Knie, ein kaum merkliches Heben des Zügels, und der Dicke setzt sich in Bewegung. Beileibe nicht Trab! Nein, in weichem, wiegendem Schritt schreitet der Braune voran, fast als wisse er, was der im Sattel auszuhalten hat.

Und der? Ihm ist, als lulle der schaukelnde Gang des Dicken ihn in einen Traum. Ein Wiegen und Wogen wie im Paradies, im Mutterleib. Still bist du, ruhig, gelassen. Ge-lassen, du läßt dich, läßt los, ver-läßt dich selbst, verläßt dich auf Ihn. Wird ja alles wieder gut, alles wieder gut. Wirst es sehen. Warte nur –

Bäume wiegen vorbei, Wiesen und Dörfer. Ein Wald dort vorn? Tersteegen erwacht aus tiefem Sinnen. Wahrhaftig, das ist schon der Wald vor Duisburg. Immer wenn er hier vorbeikommt, muß er an jenen Tag denken, an dem er seine erste Bekehrung erfahren hat. Der Holzstapel, an dem er in Schmerzen gebetet hat, ist längst abgefahren. Eine dichte Schonung bollwerkt jetzt dort, wo damals Sonnenstrahlen durch eine Buchenlichtung auf den blätterbraunen Waldboden fielen.

Eine Bewegung dort? Uniformen, Husaren, ausgerechnet die von Fischer! Jetzt sieh zu, daß du ungeschoren an ihnen vorbeikommst! Laß ihnen nicht Zeit, dich anzuhalten, kannst nicht wissen, was die dann mit dir anstellen. Er beißt die Zähne zusammen und gibt dem Braunen, der nicht weiß, wie ihm geschieht, die Sporen. Der wirft den Kopf hoch, legt die Ohren zurück und galoppiert an. Ja, da kommt, was kommen muß: der irrsinnige Schmerz! Bei jedem Sprung des Dicken der Stich in der Leiste, ein Messer, das bohrt, der Pfahl im Fleisch, des Satans Faust.

Pferde am Waldsaum, angekoppelt, knabbern an jungen Zweigen. Beizender Rauch von zu nassem Feuerholz, Husaren sorglos hingelagert, beim Abkochen, Blechbecher schwingend, ihm johlend zuprostend –

Doch einer springt auf, brüllt: „'alt an! 'alt an! Au nom du diable!“ Und der auf dem Braunen: „Was, im Namen des Teufels?“ Er wirft im Davonpreschen den Arm hoch. „Der Teufel hat mir nichts zu befehlen!“

Das ist dem Husarenkorporal noch nie passiert: daß einer nicht aufs Wort pariert! Was hat der bleiche Mann mit dem verzerrten Gesicht eben gerufen? Der Teufel habe ihm nichts zu befehlen? Ja, weiß denn dieser Kerl nicht, daß ich ihn hätte vom Gaul schießen können? Unwillkürlich tastet die Hand nach der Reiterpistole, vergebens. Er sucht mit den Augen seinen Apfelschimmel, der da hinten an den Brombeerranken knabbert. Ja, mon ami, da hängen deine langläufigen Reiterpistolen, rechts und links am Hals des Pferdes. War wohl nichts mit dem Schießen, eh?

Eine Hand stößt ihn an, er merkt es nicht, sinnt noch immer der eigenen Ungeschicklichkeit nach. „Vin de Languedoc, mon corporal!" Der Gefreite hält ihm die Bouteille her, und der Korporal greift zu, setzt sie an und nimmt einen langen Schluck. Ah, jetzt ist ihm wieder wohler.

33

Es war einer der letzten Ausritte, die Tersteegen unternehmen konnte. Seine Schwäche nahm zu, die Schmerzen wurden unerträglich und verbrauchten seine letzten Kräfte, so daß er nicht mehr die Hausversammlungen leiten konnte. Doch die Seelsorge, die nahm ihn jetzt ganz in Beschlag. Außer dem Leistenbruch, der seine Bewegungsmöglichkeiten einengte, machte ihm jetzt auch der Magen wieder zu schaffen. „Mir wird schon schwach, wenn ich sehe, daß ihr mir Essen bringt", stöhnte er. Es mochte noch so gut gekocht, noch so schonend gewürzt sein, sein Magen nahm kaum noch Nahrung an. Hatten Kreuz und Leiden schon in früheren Jahren seinen Tag bestimmt, so schien es, als wollten die Schmerzen ihn jetzt überwältigen.

Immer wieder und gelegentlich auch recht ausführlich schilderte er den Freunden die Leiden, die ihn plagten. Ein Hypochonder? Im Gegenteil, wenn er über sein Leiden spricht, wird allemal deutlich, daß er darstellen will: Kreuz und Elend mußt du aus Gottes Hand nehmen. Mit Gott entsagen, mit Jesus das Kreuz tragen, das macht dich rein und läutert dich:

Verzage nicht, o Seel, in Kreuz- und Leidenstagen!
Wenns Gold im Feuer ist, so ist der Schmelzer nah.
Die liebsten Kinder will der Herr am meisten fegen,
Der Weg zum Himmelreich geht über Golgatha.

Seinem Freund Fischer in Otterbeck, der sich bitter beklagt hatte, schrieb er: „Mache keine Überlegungen! Jetzt ist es keine Zeit, dich selbst zu besehen. Gib dich hin. Senk dich wie ein krankes Kind in der Mutter Schoß und leide da, was und solang es der Vater will!"

Im Annehmen des Leidens wird die Seele wie ein Kind, das nur den einen Wunsch hat, dem Willen des Vaters zu gehorchen. „Durch Leiden und durch Einkehren werden wir zu unschuldigen Kindern gemacht." Gerade in den Zeiten, da

Schmerzen ihn am meisten plagen, wird Tersteegen nicht müde zu verkünden:

Das Kreuz ist dennoch schön,
kann's gleich Vernunft nicht sehn,
man wird im Kreuz geehret,
mit Gottes Sohn verkläret,
die Engel um dich stehn.
Sie schauen dich mit Freuden
im stillen Geiste leiden.
Es ist so schön, so schön.

Und Leiden lehrt noch ein anderes: Nutze die Zeit! Und danke für jeden Tag, er ist ein Geschenk.

Und er geht ihnen allen darin voran, nutzt die Zeit, weil er fühlt, daß ihm nicht mehr viel davon bleibt. Noch sind die Folgen des Siebenjährigen Krieges nicht überwunden. Die Bergwerke liegen still und müssen mühsam wieder in Betrieb genommen werden. Die von den Franzosen davongeführten Kohlenschiffe auf Rhein und Ruhr konnten noch nicht durch Neubauten ersetzt werden. Wen wundert es also, daß, wohin man kommt, Arbeitslosigkeit herrscht und mit ihr Armut und Hoffnungslosigkeit.

Tag für Tag hat Tersteegen zu trösten, die Reihe der vor seiner Tür Wartenden reißt nie ab. Oft stehen schon bei Tagesanbruch die da, die tags zuvor vergeblich darauf warteten, ihn endlich sprechen zu können. Heilen soll er, helfen und trösten. Ihm bleibt keine Zeit, sich mit Eigenem zu befassen.

Dazu die umfangreiche Korrespondenz, nicht nur mit alten Bekannten und nicht nur um Fragen des Glaubens. Die Stadt ist in Not, die Menschen verkommen. Und da steht er nun an seinem Pult, schreibt und schreibt. Daß Wellen des Schmerzes über ihn dahinjagen? Er spürt es, doch er nimmt es nicht wahr. Seine Feder kratzt, Papier raschelt. Ihr da, stört ihn nicht! Ihr seht doch: Er schreibt! An wen? An seine einflußreichen Freunde in Krefeld: Ob sich nicht die Herren bei Ihro Durchlaucht dem preußischen General Prinz Ferdinand von Braunschweig dafür einsetzen möchten, daß er die ohnehin schon so geplagte Stadt Mülheim mit Einquartierung möglichst verschonen möge.

Sorge um das Gemeinwohl ebenso wie Sorge um das Heil des einzelnen bestimmen in diesen Jahren sein Handeln von früh bis spät.

Wie sollte da noch Zeit bleiben für dichterisches Schaffen? Schmerzhaft wurde ihm bewußt, daß er seinen Lieblingsplan wohl nicht mehr würde ausführen können: ein Buch mit hundert Lobliedern zur Ehre Gottes.

Im Vorwort zu dem Lied „Gott ist, Gott ist. Halleluja!" schreibt er: „Ich habe in meinem Lauf viel Großes von Gott aus Gnaden erfahren. Merk's, aus Gnaden! Deshalb lag mir seit mehr als zwanzig Jahren im Gemüte, daß ich noch gern vor meinem Heimgang meinem Gott ein hundertfältiges Lobopfer bringen möchte für alle seine mir zu erblicken und zu erfahren gegebenen Barmherzigkeiten. Ich gedachte nämlich hundert Loblieder zu verfertigen ... Manche andere Arbeit und mein kränkelndes sechsundsechzigjähriges Alter benehmen mir die Hoffnung, auf dieser Seite der Ewigkeit an dergleichen weiter zu gedenken."

Auch einen anderen Wunsch konnte er sich nicht mehr erfüllen. Sein König Friedrich II. weilte 1763 in Wesel und nahm diese örtliche Nähe wahr, Tersteegen zu sich einzuladen. Niemand kann sagen, wie eine persönliche Begegnung dieser beiden so verschieden denkenden Großen ausgegangen wäre. Doch es sollte nicht zu ihr kommen, Tersteegen mußte, eben wegen seiner körperlichen Schwäche, absagen.

Preußen hat – unbewußt oder gewollt? – seinen Dank an das Landeskind Gerhard Tersteegen doch noch abgestattet. Die zweite Strophe des Liedes „Für dich sei ganz mein Herz und

Leben" wurde als Armeechoral aufgenommen und ist noch heute der Höhepunkt des Großen Zapfenstreiches:

Ich bete an die Macht der Liebe,
die sich in Jesus offenbart;
ich geb mich hin dem freien Triebe,
wodurch ich Wurm geliebet ward;
ich will, anstatt an mich zu denken,
ins Meer der Liebe mich versenken.

34

Zurück in das Jahr 1763: Wer Trost geben will, muß Trost haben. Woher nahm Tersteegen die Kraft, den bedrängten Herzen in ihrer Not zu helfen? Was sollte er antworten auf die bitterste aller Fragen: Wie kann Gott all das Elend zulassen?

Andere haben es sich leichtgemacht und geantwortet: Krieg ist die Strafe Gottes für unsere Sünden. Das hört sich gut an. Bis dann die nächste Frage kommt: Warum trifft diese Strafe auch die Unschuldigen? An dieser Stelle weiß unsere Vernunft nicht weiter.

Gewiß, auch Tersteegen meint, daß Krieg und jede andere Gewalttat die Folge menschlicher Schuld und damit auch Gericht Gottes ist. Aber nicht nur Gericht! Auch Weckruf: Wacht auf! Träumt nicht länger von euren Abgöttern Geld und Gut, Fortschritt und Wohlleben! Kehrt um und gebt dem die Ehre, der allein der Herr ist!

Und dieser Herr ist für Tersteegen niemals ein Gott der Strafe oder gar der Rache. Der Vater Jesu ist – wie könnte es anders sein – der Gott der Liebe und Barmherzigkeit. Darum und nur darum sucht Tersteegen selbst im Grauen des Krieges noch das verborgene Gute.

Das geht so weit, daß er sogar in dem unsicheren und versuchlichen Leben des Soldaten ein Gleichnis sieht: Es gleicht dem Leben des Pilgers, der keine feste Wohnstatt hat und unbehaust dahinzieht; ohne Sicherheit, allein im Gehorsam auf den da oben. So wie der Soldat gehorsam tut, was sein König befiehlt, so soll auch der Christ dem Gebot seines himmlischen Königs folgen. Und noch eins: Krieg lehrt uns mit all seiner Verwüstung und seinem willkürlichen Sterben: Wir haben hier keine bleibende Stadt! „Wehe denen, die auf Erden mit Herz und Liebe wohnen!"

Wehe denen, die sich an diese Welt verloren haben, wehe denen, die nicht frei sind!

Tersteegen war frei, schon lange, schon seit dem Todeserlebnis im Duisburger Wald. Er war bereit, aus dieser Welt zu gehen. Sie war ihm nur noch ein Durchgang, eine Wüste, die durchwandert werden mußte. Nun war der Tod kein Feind mehr, bedeutete keinen endgültigen Abschluß, sondern wurde jetzt so etwas wie „ein dritter Geburtstag".

Der erste Geburtstag, das war der, den der Herr Jedermann feiert; der zweite: unsere Taufe, bei der ein Christenmensch wiedergeboren wird; der Tod aber ist mein dritter Geburtstag, denn da werde ich befreit vom Leibe und steige auf ins Licht.

Ob Tersteegen, als er diesen Gedanken nachhing, erkannt hat, wie nahe er damit platonischen Vorstellungen kam? Und selbst wenn: Ihm ging es nicht, wie den antiken Philosophen, um das Wegphilosophieren des Todes. Ihm war der Tod - sein Tod, mein Tod - verschlungen in den Sieg Christi. Und das entscheidet.

Ein Freund hatte in einem Neujahrsbrief angefragt, ob er ihn im kommenden Jahr dem Tod übergeben wolle. Tersteegens Antwort: „Allerdings, lieber Bruder. Eben weil ich dich liebe, verlange ich, daß du mit mir mögest sterben, um das Leben zu erreichen, das mit Christo in Gott verborgen und ein Anfang des ewigen Lebens ist. Wir sind dazu gesetzt und mit Christo zu gleichem Tode gepflanzt. Ich halte nicht viel davon, daß man Sterbenden so viel Herzstärkungen gibt und dadurch ihre Not und Sterben verlängert."

Fast möchte man aus solchen Sätzen so etwas wie eine Todessehnsucht heraushören. Klingt diese melancholische Melodie nicht auch in einigen seiner Gedichte an?

Noch ein wenig im Elende,
bald nimmt alle Last ein Ende.
Noch ein wenig Kreuz und Not,
bald erquickt ein selger Tod.

Noch ein wenig im Verlangen,
bald wirst du ans Ziel gelangen.
Noch ein wenig halte aus,
bald ist unser Geist zu Haus.

Todessehnsucht? Weltschmerz? Weltschmerz vielleicht. Doch keine Sehnsucht nach dem Tod. Weil der Tod nicht das Ende, nicht das Ziel ist, sondern ein Tor, ein Durchgang, ein Übergang. Tersteegen sehnt sich nicht nach dem Tod, er sehnt sich nach Gott:

Sollt ich so Zeit und Kraft verzehren
in Dingen, die nicht machen satt?
Mein Geist muß sich zum Ursprung kehren,
der ihn für sich geschaffen hat.
Weg Schein und Traum, weg Kreatur,
dem Einen will ich leben nur!

35 Engelbert Evertsen war, nachdem er die Tür hinter sich zugezogen hatte, stehengeblieben, um seine Augen an das Halbdunkel zu gewöhnen. Allmählich nahmen die Schatten Gestalt an: Ringsum an den Wänden Regale, die bis unter die Decke reichten, angefüllt mit langen Reihen weißer Porzellantöpfe, auf denen in Frakturschrift lateinische Namen standen. Evertsen trat näher und kniff die Augenlider zusammen, um die Aufschriften zu lesen. „Artemisia", las er halblaut, „Taraxacum offic., Symphytum offic., Aegopodium podagraria, Chrysanthemum leuc., Equisetum palustre."

Er war am Ende des ersten Regals angekommen, blieb jetzt stehen und schüttelte den Kopf. Nein, er wußte mit all diesen lateinischen Worten nichts anzufangen. Und hinter das Equisetum war gar so etwas wie ein kleiner Totenkopf gemalt! Das konnte doch wohl nur bedeuten: Vorsicht, Gift!

„Herzlich willkommen, Bruder Engelbert!" Er fuhr herum, lachte befreit auf: „Gott zum Gruß, lieber Heinrich!" Sie nahmen sich in die Arme, klopften sich die Schultern. Als die bei solchem Wiedersehen üblichen Formeln ausgetauscht waren, zog Heinrich Sommer den Besuch hinüber zu dem langen, mit Geräten aller Art vollgestellten Tisch, über dem zwei Lampen Licht spendeten, das zwar für das Arbeiten an den Geräten ausreichen mochte, aber nicht den ganzen Raum erhellen konnte.

„Nimm Platz, mein Lieber!" Und dann: „Was hat dich nach Mülheim verschlagen? Und wie kommt es, daß du hierher in die Apotheke geraten bist?" Engelbert wurde ernst: „Aus Bruder Gerhards letztem Brief las ich heraus, daß es ihm gesundheitlich immer schlechter geht. Magenbeschwerden und Atemnot, Nierenkoliken und Gicht –" „Ja, die Schmerzen werden immer ärger!" seufzte Heinrich. „Und da hast du dich also auf deinen Schimmel gesetzt und bist hergeritten." „Der Schimmel steht schon im Stall vor voller Krippe", nickte Engelbert, „Bruder Hermann war gerade im Hof, als ich eintraf, und führte den Gaul gleich in den Stall, um ihn trockenzureiben und zu versorgen.“ Er kratzte sich verlegen den Kopf. „Ich muß wohl nicht richtig zugehört haben, als er mir beschrieb, wo ich dich finden könnte. Und so landete ich –“ „Hier in der Apotheke!“

Evertsen sah, daß sich Sommers Gesicht verdüsterte, und fragte: „Was ist? Du siehst mit einemmal so bekümmert drein?“ „Weil ich fast gesagt hätte: Meine Apotheke!“ „Deine?“ „Ja, meine!“ Heinrich Sommer straffte die Schultern: „Gerhard hat sein Testament gemacht, vor ein paar Tagen, genau gesagt am 9. Februar.“ Evertsen zuckte mit den Schultern. „Nun ja, es ist ja nicht ungewöhnlich, daß man im Alter von 71 Jahren sein Haus bestellt.“ „Gerhard ist erst 70 Jahre alt“, widersprach Heinrich. „Bitte: er ist am 25. November 1697 geboren, wird also, da wir jetzt das Jahr 1768 schreiben, erst im November seinen 71.Geburtstag feiern.“ Er seufzte. „Falls er überhaupt noch den Herbst erlebt!“

Sie saßen schweigend, gedachten des dahinsiechenden Freundes, der ihnen so nahestand. „Ist es ungezogen, wenn ich frage, was Bruder Gerhard in seinem Testament bestimmt hat?“ Es war wohl kaum die Neugier, die Engelbert zu fragen veranlaßte, eher das Bemühen, den verzagt dreinschauenden Bruder Heinrich ein wenig abzulenken. Heinrich Sommer fuhr aus seiner Versunkenheit auf und sagte: „Wo denkst du hin, Bruder Engelbert, du bist doch einer seiner treuesten Freunde. Dir darf ich schon sagen, was er zu Papier gebracht hat.“

Evertsen war zufrieden, Heinrichs Gedanken waren von der Sorge um den kranken Freund abgelenkt, da ihn jetzt das Testament beschäftigte. „Du weißt ja, Engelbert, daß Gerhards Geschwister alle bereits heimgegangen sind, mit einer Ausnahme, seiner Schwester Anna.“ „Die Witwe Cönen?“ „Richtig, sie ist die einzige, die noch lebt. Sie soll nach Gerhards Tod sein Barvermögen erhalten. Dann gibt es noch ein paar Anordnungen über das Haus und andere Werte –" Engelbert bemerkte, daß Heinrich errötete, erfuhr aber sofort den Grund dafür: „Tja, und die Apotheke, die vermacht er mir."

Tatsächlich, Heinrich Sommer saß da mit puterrotem Kopf. Warum schämte er sich denn? Fürchtete er etwa, für einen Erbschleicher gehalten zu werden? Das war doch Unsinn! Fest und bestimmt sagte Evertsen: „Das halte ich für ganz in Ordnung, Heinrich. Du hast Jahrzehnte mit Bruder Gerhard zusammengelebt, hast alles mit ihm getragen, bist ihm zur Hand gegangen, wo immer sich Gelegenheit bot, und was die Apotheke angeht: Nun, sie ist ganz und gar dein Werk! Du hast die Pflanzen, die Gerhard heimbrachte, gereinigt, getrocknet und verwahrt. Du hast die Rezepte gehütet und nach ihnen die Arzneien zubereitet." Eine Armbewegung, die alle Regale und Tische umfaßte. „Diese Apotheke ist dein Lebenswerk, Heinrich. Wer sonst könnte sie im Sinne Gerhards weiterführen?"

Heinrich Sommer hatte still zugehört, erwiderte leise: „Genau das will ich tun, das versichere ich dir, zum Wohle der Kranken! Ich danke dir, Bruder Engelbert, für deine guten Worte." „Amen!" sagte Evertsen, und es kam ihm von Herzen.

Sie saßen und schwiegen. Erst nach geraumer Weile nahm Heinrich Sommer den Faden wieder auf: „Sein Testament hat er, wie ich dir schon sagte, bereits im Februar gemacht, doch ein paar Wochen später hat er noch so etwas wie ein geistliches Vermächtnis abgefaßt." „Ah, ein seelsorgerliches Vermächtnis an seine Getreuen?" Sommer nickte: „Er hat es überschrieben ‚Erklärung meines Sinnes'." Sommer griff in die Brusttasche und zog Papierblätter hervor. „Ich habe nach seinem Diktat den Entwurf geschrieben und aufbewahrt, das Dokument selbst hat Gerhard dann eigenhändig geschrieben, doch es dürfte mit dem Entwurf etwa übereinstimmen." Er ordnete die Blätter und begann vorzulesen:

„Ich befehle Gott, meinem himmlischen Vater, meine unsterbliche Seele, in dem Namen meines getreuen Heilandes Jesu Christi, der mich verderbten, irregehenden Menschen ... mit seinem teuren Blut mildiglich versöhnt und ihm zum Eigentum erkauft hat ... In diesen dreieinigen Gott glaube ich und denselben bekenne ich nach der heiligen Schrift und dem sogenannten Apostolischen Glaubensbekenntnis ...

Wo ich irgendwo jemanden in der Welt, wissend oder unwissend, möchte beleidigt, geärgert oder beschwert haben, so bitte ich, daß sie mir solches um Jesu willen von Herzen vergeben wollen, gleich wie Gott uns in Christo vergeben hat ... Meine leiblichen Anverwandten bitte und ermahne ich zu guter Letzt, daß sie doch aufrichtige Buße tun, daß sie die teure Gnade Gottes in Christo Jesu mit allem Ernst suchen ... "

Heinrich legte die Blätter wieder sorgfältig zusammen und steckte sie ein. „Ich habe dir, wie du, Bruder Engelbert, wohl bemerkt haben wirst, nicht alles vorgelesen, sondern nur die Passagen, die Gerhards Wesen am klarsten widerspiegeln."

„Und die deutlich machen, daß er sogar in seinen letzten Erdentagen zuallererst an die Brüder und Schwestern denkt!" Evertsens Augen wurden feucht. „Was er da als sein geistliches Testament festgeschrieben hat, ist Seelsorge am Sterbebett, aber andersherum als üblich."

36

Ahnte Engelbert Evertsen, wie bald man ihn wieder nach Mülheim rufen würde? Schon nach Neujahr 1769 schrieb ihm Heinrich Sommer, daß es schlecht um Tersteegen stehe. „Krämpfe haben sich eingestellt, und Gerhards Atemnot ist oft so bedrohlich, daß man glauben könnte, er werde ersticken."

In Windeseile hatte sich die schlimme Nachricht herumgesprochen, von weit und breit eilten die Freunde herbei, um von ihrem geistlichen Vater Abschied zu nehmen. Und keiner ging, ohne getröstet zu sein.

Im Hausflur wäre Sommer fast gegen den jungen Mülheimer Pastor Engels gelaufen. Erst im letzten Augenblick bemerkte er in dem halbdunklen Raum, daß da jemand die Treppe heraufkam. Engels, der bessere Augen besaß, hatte ihn erkannt: „Grüß dich Gott, Bruder Heinrich! Sag, wie steht es mit unserem Patienten?" „Gott zum Gruß, Herr Pastor! Ach, es sieht gar nicht gut aus", Sommers Stimme sank zu einem Flüstern herab, „ich fürchte, es geht bald zu Ende." „Hast du – ?" „Ich habe die Treuesten, unter ihnen vor allem Bruder Evertsen, bereits benachrichtigt." Engels wollte die Tür öffnen, die in das Krankenzimmer führte, doch Sommer hielt ihn noch zurück: „Lieb, daß Sie auch heute wieder gekommen sind, Herr Pastor, um dem Sterbenden Trost zu spenden."

Engels drückte die Klinke nieder, stieß die Tür halb auf und stand jetzt im Licht, das hell durch das Fenster ins Krankenzimmer flutete. Über die Schulter weg sagte er zu Sommer: „Ich soll dem Sterbenden Trost spenden? Du irrst, Bruder Sommer. Wenn hier einer tröstet, dann ist er es, unser Gerhard Tersteegen." Er wandte den Kopf, blickte ins Licht: „An diesem Bruder, der dem Tod entgegenschaut, wird Jesu Sieg über den Tod sichtbar. Hier, in dieser engen Stube, wird wahr, was Paulus sagt: Tod, wo ist dein Stachel? Hölle, wo ist dein Sieg?" Seine Stimme war kaum lauter geworden, füllte aber jetzt das

Zimmer: „Gott aber sei Dank, der uns den Sieg gegeben hat in Christo Jesu!“

„Amen!“ kam eine schwache Stimme vom Bett her. Engels und Sommer traten herzu, und Engels sagte: „Wie glücklich macht es mich, daß du, lieber Bruder Gerhard, bei klarem Bewußtsein bist und sogar sprechen kannst.“ Ein Wink der schmalen Hand des Kranken, und der Pastor neigte sich nieder, um besser verstehen zu können. „Ich bin froh“, kam ein Flüstern, „daß ich so lange gelebt habe, daß ich mit fester Herzensüberzeugung Gott habe kennenlernen dürfen, und was für Gutes und Seliges in seiner Gemeinschaft zu finden ist.“

Der junge Pastor konnte nicht sogleich antworten, er fühlte, wie ein überwältigendes Gefühl des Dankes in ihm hochstieg und ihm die Stimme nahm. Erst nach einer längeren Zeit des Schweigens kamen ihm die Worte. „Bruder Tersteegen, du willst uns verlassen, willst du mich wohl, bevor du zu Jesus eingehst, noch einmal segnen?“ „Ich soll Sie segnen?“ Die Stimme Tersteegens war kaum noch zu verstehen. Die welke Hand hob sich langsam. „Nun, dann segne Sie der große Hohepriester Jesus und gebe Ihnen Frieden, Freude, Segen und alle Geschicklichkeit zu Ihrem Amt!“

Auch Engelbert Evertsen war noch einmal aus Barmen herbeigeeilt. Treu hatte er seinem väterlichen Freund Gerhard Tersteegen mit weltlichem Rat und kaufmännischem Geschick zur Seite gestanden, zwischen ihm und den niederländischen Gönnern vermittelt, Spenden in Verwahrung genommen und alle finanziellen Fragen geregelt. Als er an das Leidenslager Tersteegens trat, erkannte er, daß jetzt die allerletzte Bilanz bevorstand. Keine Bilanz in Soll und Haben, eine Bilanz in freudigem Geben und dankbarem Nehmen.

Auf den ersten Blick sah er, daß er gerade noch zur rechten Zeit gekommen war. Tersteegen verfiel von Stunde zu Stunde. Drei Tage strichen dahin, in denen sich Engelbert Evertsen und Pastor Engels in Tag- und Nachtwachen ablösten.

„Sie kommen gerade recht, Herr Pastor.“ Evertsen hielt die Schultern des sitzenden Kranken und wies mit den Augen auf das Kopfkissen, das er hervorgezogen hatte und das ihm dabei auf den Fußboden geglitten war. Engels verstand, bückte sich und hob das Kopfkissen auf. „Was nun?“ „Ich habe mir gedacht, wir könnten Bruder Tersteegens Oberkörper vornüber auf den Tisch legen? Ich meine, er wird dann besser atmen können als jetzt, wo er immer in sich zusammensinkt und keine Luft bekommt.“ Der Pastor kannte sich aus. Obwohl er noch jung an Jahren war, hatte er doch schon so manchen Besuch an Sterbebetten hinter sich. Im Nu hatte er den Tisch vor das Bett geschoben und das zusammengerollte Kopfkissen daraufgelegt. Schon half er Evertsen, den fast Bewußtlosen so zu drehen, daß er auf dem Bettrand saß. Nun den Tisch ganz herangerückt und Tersteegens Kopf vorsichtig gedreht, so daß er seitlich auf das Kissen zu liegen kam.

„Sehen Sie, Herr Pastor, er atmet jetzt tatsächlich leichter.“ So, nun konnten sie Platz nehmen und sich ein wenig erholen.

Ein Ächzen, ein mühsam unterdrücktes Stöhnen, der Aufschrei dann: „O Gott!“ Evertsen war zugesprungen, hatte den Kopf des Leidenden leicht angehoben, um ihm die Brust freier zu machen. Die Liebesmühe war vergeblich, der Atem ging rasselnd, setzte mitunter fast aus. Und wieder das Stöhnen: „O Jesus!“

Endlich wurde der Kranke stiller, schien eingeschlafen zu sein. Pastor Engels flüsterte: „Als ich vorgestern bei ihm saß, konnte er noch zusammenhängende Sätze sprechen. Und sie zeigten, daß sein Verstand noch rege war.“ Engels hob das Gesicht zum Licht und sprach noch einmal aus, was der Freund zu ihm gesagt hatte: „Von großen Dingen und Empfindungen, mein lieber Pastor, kann ich jetzt eben nicht reden. Allein der Herr gibt mir Gnade, daß ich meiner selbst vergessen kann. Ich stehe sehr viel aus.“

„Er steht wahrhaftig sehr viel aus“, flüsterte Evertsen, „hoffentlich wird er bald erlöst!“

Doch noch einmal mußte eine lange, bange Nacht vergehen. Und ein endlos scheinender Tag, an dem Tersteegen nur noch für Augenblicke zu wachem Bewußtsein kam. Gegen Mitternacht nahm er nichts mehr wahr.

In stiller Andacht harrten seine Freunde bei ihm aus. Am 3. April 1769 um 2 Uhr morgens sahen sie, wie sich seine Brust zum letzten Mal zum Atmen hob. Dann stockte der Puls, das Herz stand still.

Engelbert Evertsen trat zu ihm, drückte ihm die Augen zu. Kaum hörbar waren seine Worte: „Nun ist der Pilger am Ziel.“

Zeittafel

25. 11. 1697 Gerhard Tersteegen in Moers geboren

1703 Tod seines Vaters

1703–1713 Besuch der Lateinschule Moers

1713–1717 Lehrling bei Schwager Brinck in Mülheim

1717–1719 eigenes Geschäft

1717 das „Walderlebnis", seine erste Bekehrung

1719 Tersteegen wird Seidenbandwirker

1719–1724 die „dunklen" Jahre

1721 Tod der Mutter

1724 Zweite Bekehrung - die „Verschreibung"
Lied „Wie bist du mir so innig gut"
Tersteegen nimmt Heinrich Sommer zu sich

1725–1727 Erweckungsbewegung unter Wilhelm Hoffmann

1727 „Otterbeck" - öffentliches Auftreten Tersteegens
Tersteegen beginnt zu schreiben und zu dichten
Lied „Gott ist gegenwärtig"

1728 er legt sein Handwerk nieder

1729 der Gedichtband „Geistliches Blumengärtlein", eine Sammlung von Gedichten und Liedern, unter anderen: „Allgenugsam Wesen" und „Der Abend kommt"

1731 „Jauchzet, ihr Himmel" und „Jesu, der du bist alleine"

1732 erste Reise nach den Niederlanden
„Der Frommen Lotterie", eine Sammlung gereimter Sprüche

1733 1. Band „Auserlesene Lebensbeschreibungen Heiliger Seelen"

1735 „Siegesfürste, Ehrenkönig", „Gott rufet noch", „Kommt, Kinder, laßt uns gehen"

1740–1750 die „stillen" Jahre

1740–1786 König Friedrich II. von Preußen

1740–1742 1. Schlesischer Krieg

1744–1745 2. Schlesischer Krieg

1745 „Brunn alles Heils", „Nun sich der Tag geendet", „Nun schläfet man"

1746 Wilhelm Hoffmanns Tod

1747 Begegnung mit Engelbert Evertsen

1750 Erweckungsbewegung unter Jacob Chevalier

1754 „Auserlesene Lebensbeschreibungen Heiliger Seelen“ mit dem letzten Band abgeschlossen
Oberkonsistorialrat Hecker in Mülheim

1756–1763 Siebenjähriger Krieg

1757 „Für dich sei ganz mein Herz und Leben“
(„Ich bete an die Macht der Liebe“)

1762 „Gedanken über eines Anonymi Buch“

9.2.1768 Testament und „Erklärung meines Sinnes“

3.4.1769 Tersteegens Heimgang

Liednachweis

Seite 5: EG 481,5
Seite 44: „Blumengärtlein“, S. 401
Seite 49: „Blumengärtlein“, S. 454
Seite 62: „Blumengärtlein“, S. 449, 453 und 592
Seite 64/65: EG 165,1.3.5
Seite 67: EG 41,3.4.7
Seite 67/69: EG 252,3–6.8.9
Seite 79/80: EG 392,1.2.4.5.7
Seite 80/82: EG 393,1.2.4.6–8.11
Seite 87: EG 480,1.3
Seite 88/89: EG 481,1–5
Seite 126: „Blumengärtlein“, S. 106
Seite 127: „Blumengärtlein“, S. 404
Seite 129: EG 661,2
Seite 131: „Blumengärtlein“, S. 133
Seite 132: „Blumengärtlein“, S. 437

„Geistliches Blumengärtlein“ zitiert nach: Cornelis Pieter van Andel, Gerhard Tersteegen. Leben und Werk – sein Platz in der Kirchengeschichte, Neukirchen-Vluyn 1973

Alfred Salomon

... und neuer Zauber fängt uns ein

Überraschungen auf dem Weg in die zweite Lebenshälfte

80 Seiten; Klappenbroschur mit 24 Farbbildern
ISBN 3-7615-4834-6
Best.-Nr. 154 834

Ein ideenreicher Text-Bild-Band für ältere Leute. Abwechslungsreiche Fotos und kurze Geschichten laden zum Schmunzeln und Nachdenken ein. Übersichtlich und nach gedanklichen Motiven geordnet, zeichnen sich die Texte vor allem durch leichte Verständlichkeit aus. Ein ermutigendes Buch, das sich auch bestens zum Verschenken eignet.

Alfred Salomon

Wer glaubt, der flieht nicht

Jesaja und sein König Hiskia

144 Seiten; Paperback
ISBN 3-7615-1017-9
Best.-Nr. 111 017

Der Stadt Jerusalem droht im Jahr 701 v. Chr. die Belagerung durch die übermächtigen Assyrer. König Hiskia tut alles, um die Stadt zu verteidigen. Er läßt die Mauern verstärken, die Wasserversorgung durch einen 800 Meter langen Tunnel sichern, die Feinde jedoch von den Quellen abschneiden.
Er muß sich mit Räten auseinandersetzen, die sich auf die Hilfe des Pharao stützen wollen. Und immer wieder mahnt der Prophet Jesaja, sich nicht auf Menschen, sondern auf den Herrn zu verlassen. Schon ist Juda verwüstet, die Festung Lachisch gefallen, Jerusalem eingeschlossen. Da kommt Rettung, anders, ganz anders, als König und Volk erwartet haben ...
Ein biblisch fundierter und zugleich historisch zuverlässiger Roman um den König Hiskia und den Propheten Jesaja.

Aussaat Verlag · Neukirchen-Vluyn

Alfred Salomon

Die Hunde sollen Isebel fressen

Roman um Elia

176 Seiten, Taschenbuch
ISBN 3-7615-3504-X
Best.-Nr.: 113 504

Im alten Israel prallten phönizische und ägyptische Einflüsse mit denen des Zweistromlandes zusammen. Das Ergebnis war eine ebenso interessante wie brisante Vermischung dieser Kulturen.
König Ahab und seine sidonische Gattin Isebel sind Repräsentanten dieser Entwicklung, innerhalb derer sich auch viele Glaubensformen vermischen. Dem tritt in der Gestalt des Propheten Elia das Gewissen Israels entgegen. Es kommt zu einem Kampf auf Leben und Tod ...
Alfred Salomon schildert höchst anschaulich auf historisch zuverlässigem Hintergrund eine Geschichte aus dem alten Israel, die heute, in unserer kulturell angespannten Gesellschaft, nichts von ihrer Aktualität eingebüßt hat.